JN412079

윤사순 교수의 실학통론

한국철학총서 46
윤사순 교수의 실학통론

지은이 윤사순
펴낸이 오정혜
펴낸곳 예문서원

편집 유미희
인쇄 및 제책 주) 상지사 P&B

초판 1쇄 2026년 1월 30일

출판등록 1993년 1월 7일(제2023-000015호)
주소 서울시 동대문구 왕산로 239, 101동 935호(청량리동)
전화 925-5914 | 팩스 929-2285
전자우편 yemoonsw@empas.com

ISBN 978-89-7646-503-0 93150

YEMOONSEOWON 101-935, 239 Wangsan-ro, Dongdaemun-Gu, Seoul, KOREA 02489
Tel) 02-925-5914 | Fax) 02-929-2285

값 22,000원

한국철학총서 46

윤사순 교수의 실학통론

윤사순 지음

예문서원

머리말

한국의 철학 또는 사상에 대한 연구를 필자는 깊은 산속에서 홀로 하는 금광 채취에 견준 적이 있다. 조선 '후기 실학의 연구'라 해서 이 점이 다를 리 없다. 연구 과정의 우여곡절로 해서는 오히려 이를 어느 연구보다 더 중요하게 여긴다.

17~18세기에 발흥한 후기 실학에 대한 연구는 1930년대에 일련의 선각자들에 의해 시작되었다. 하지만 그것도 잠시, 이는 곧 학계에서 잊혀 뒤안길에 묻혔다. 연구에 첫 손을 댄 그분들이 학문 이상으로 독립운동과 언론에서 활약하기가 화급했기 때문이다. 그 뒤 광복(해방) 직후의 혼란과 6·25전쟁 시기 또한 이를 돌볼 수 없던 격동기였다.

50년대 말 궁핍 속에서 겨우 책갈피 뒤지는 열의에 의해 후기 실학의 모습이 어렴풋이 드러나게 되었다. 70~80년대 국학의 열기가 본격화하면서 이 연구도 활기를 띠었다. 그로부터 지금까지 이루어진 연구는 다 헤아리기 어려울 만큼 성과를 쌓았다. 이 어찌 무심히 바라볼 연구물이겠나?

겨우 반세기 남짓한 기간에 학계에서 이룬 업적은 다채롭고 풍성함 그것이다. 후기 실학 발흥의 역사적 배경 연구를 비롯하여, 서학 및 청나라 학술(이른바 북학) 영향의 연구, 그리고 실학자들 개인의 정치·경제·사회·과학·철학 등에 대한 연구가 다각도로 다양하게 이루어졌다. 연구물 대부분이 논문 형식이지만, 더러는 적지 않은 분량의 책자로 출간한 것들도 있다.

연구 성과가 이 정도에 이르렀으면, 이제 산만하게 흩어진 그것들을 총체적으로 정리, 일괄적으로 체계화할 단계가 아닐까 한다. 실학이 지금도 형성 과정 중에 있지 않는 만큼, 일단락 짓는 정리 작업이 필요할 것 같다. 물론 필자 홀로는 이런 작업을 할 능력이 부족하다. 학계의 합심 협력으로라야 가능한 것이다.

후기 실학 연구 업적에 대한 포괄적 정리 작업이 홀로는 불가능하지만, 본인이 수십 년간 이룬 이십여 편의 저술들로 그런 작업을 위한 얼개만은 만들 수 있을 듯했다. 바로 이런 판단에서 엮어 본 것이 이 책이다. 이는 여러모로 미비하고 부실하다. 오직 뒷날 학계의 보다 나은 저작을 위한 조그만 밀알 역할이나 할 수 있으면 다행이겠다. 동학들의 질정을 기대하면서 이만 펜을 놓는다.

교정을 보아주느라 수고한 김재숙 시인과 고려대 철학과 대학원생 강기대 군, 정호철 군에게 마음 깊이 감사한다. 출판을 가능케 한 관계자 여러분에게도 사의를 표한다.

2025. 12.

윤사순 삼가 적음

차례

머리말 4

제1편 11

1. 이끄는 말 —문제와 방법— 13
   1) 실학 논의의 발단 13
   2) 후기 실학의 가치 인식 14
   3) 필자의 연구 방법 17

2. 실학, 한 용어의 두 의미 —실학 자칭한 두 유학— 21
   1) 실학 개념 21
   2) 용어로 인한 혼란과 극복 문제 22

제2편 25

3. 성리학적 실학의 형성 —성리학의 실학 성격— 27
   1) 성리학의 실학 적용 근거 27
   2) 조선 초 성리학의 실학적 현상 30
   3) 16세기, 성리학적 실학의 사례 32
      (1) 무실에 입각한 성리학적 실학 32
      (2) 성리학적 실학의 수기와 안인 35
   4) 17세기, 예학적 실학 38

4. 탈성리학적 실학의 형성 —방법론을 중심으로— 43
   1) 본원유학을 빙자한 박학 추구 43
   2) 본원유학적 초학 중요시 46
   3) 민생에 유용한 통치술 강조 48
      (1) 경세치용의 중요시 48
   4) 이용후생의 강조 50

(1) 실사와 실지 중요시 50
(2) 공업과 상업의 중요시 52
(3) 북학과 이용후생 54
(4) 탈성리학적 실학의 대성 55
(5) 돌아본 정리정돈 60

제3편 61

5. 성리학의 대표적 개혁설 —이이 개혁설의 재론— 63
1) 두 실학의 차이 더 찾기 63
2) 이이 실학의 바탕 무실론 64
3) 유학 전체의 실학화 작업 67
4) 이이 개혁설 중의 백미 69

6. 후기 실학의 대표적 개혁설 —유형원의 경우— 75
1) 17세기 상황 75
2) 『반계수록』의 저술 76
3) 토지제 개혁설 78
4) 조세 개혁설 80
5) 교육제도의 개혁 81
6) 관리임용제 개혁설 83
7) 노비제 폐지설 85
8) 개혁설의 체제 해체적 특징 87
9) 두 실학 개혁설의 차이 89

7. 목숨과 바꾼 탈성리학적 학설 93
1) 시대사조 변환의 단초 93
(1) 개혁설 제기의 함의 93
(2) 탈성리학의 선구자=1 94
(3) 탈성리학의 선구자=2 98
2) 일상적 사고방식의 변환 103
(1) 성리학적 예禮 의식 풍토의 실상 103
(2) '예' 의식 풍토에 대한 비판 106

3) 정치 현상에 대한 비판의식 108
(1) 내치적 개혁설 108
(2) 자주 실리적 대외관 112
4) 반성리학설의 요체 115
(1) 노장사상에 대한 실학적 해석 115
(2) 반정주설의 개요 119
(3) 윤리관의 상이 122
(4) 박세당 사상의 탈성리학적 성격 124

제4편 125

8. 후기 실학이 받은 서학의 영향 —인간관과 천체관의 경우— 127
1) 서학의 의미와 그 전래 127
2) 이익의 학문적 개방 태도 129
3) 서학 중 천체관의 수용 134
4) 서학 중 인간관의 수용 138

9. 한 선구적 북학자의 실학사상 143
1) 18세기 후반, 홍대용의 실학 143
2) 그의 지구설의 사상적 가치 145
3) 성리학의 근본 철학에 대한 부정 148
4) 새로운 우주관과 인간관 153
5) 홍대용의 개혁 정신과 평등관 158

제5편 165

10. 성리학에 견준 후기 실학의 근본철학 —이황과 정약용 철학의 비교— 167
1) 후기 실학의 철학 찾기 167
2) 두 종류의 실학 개념 169
(1) 이황이 사용한 '실학' 169
(2) 정약용이 사용한 '실학' 169

3) 리기 개념의 견해 차이 172
(1) 이황의 경우 172
(2) 정약용의 경우 173
4) 인간관과 심성 개념 및 그 명제 175
(1) 이황의 경우 175
(2) 정약용의 경우 176
5) 윤리관 속의 기본 철학 179
(1) 이황의 경우 179
(2) 정약용의 경우 180

11. 탈성리학적 실학의 근대적 성격 185
1) 철학과 시대의 연관성 185
2) 실학의 철학적 기반과 근대적 성격 186
(1) 주기主氣 철학의 경향 186
(2) 유명론적 명실론의 대두 187
(3) 견문, 경험 위주의 인식론적 사유 190
(4) 타자적 법칙적 자연관 192
(5) 욕구적 인간관 196
(6) 자율적 윤리, 도덕관 200
(7) 후생적 정치관과 인권의식적 사회관 202

12. 마감하는 말 211

참고문헌 216
찾아보기 227

제1편

1. 이끄는 말
   —문제와 방법—
2. 실학, 한 용어의 두 의미
   —실학 자칭한 두 유학—

1. 이끄는 말

—문제와 방법—

1) 실학 논의의 발단

여기서 고찰하는 '실학實學'이란 조선 후기(17세기~19세기)에 대두한 유학儒學을 가리킨다. 성립한 시기로는 '조선 후기後期 실학實學'이라 일컫고, 내용의 성격으로는 '탈성리학적脫性理學的 실학實學'이라 한다. 이는 조선 초부터 통치사상으로 선점되어 성행하던 성리학性理學과 그 풍토에 대한 불만에서 발흥한 유학 중의 하나다.

이 대목에서 주의해야 할 점은 성리학자들 또한 '성리학을 실학이라 일컬었다'는 사실이다. 더욱이 후기 실학은 그 나름 '성리학 극복'을 겨냥하고 발흥했지만, 실제로 성리학을 제거하지는 못했다. 조선 말까지 존속한 것은 후기 실학과 함께 여전히 통치사상의 위치에 있던 성리학이었다. 따라서 '실학' 용어만 사용하였을 때는 '성리학'을 가리키는지 또는 '후기 실학'을 가리키는지 분명하지 않아 혼란이 생긴다. 그 혼란을 피하기 위해 우리는 '성리학의 실학적 성격'도 함께 밝힐 것이다.

고찰에 앞서 한 가지 밝혀야 할 것이 있다. 그것은 지난날 선학들이 필자보다 먼저 후기 실학에 관심을 쏟고 조명한 사실이다. 후기 실학 '논의 발단'은 필자보다 앞선 세대 학자들이 시작했다. 그런 만큼, 선학들이 후기 실학을 조명한 배경부터 밝히고서 본격적인 고찰을 할 수도 있다. 하지만 논의를 촉발한 배경의 조명은 단조롭지 않다. 그런 만큼 필자는 다만 최초의 논의가 필자(또는 필자 세대)보다 앞서 있었다는 사실만 지적하고, 그 내용에 대해서는 이어지는 다음 항목에서 밝히겠다.

2) 후기 실학의 가치 인식

선학들이 17~18세기에 발흥한 실학에 관심을 쏟은 것은 일제강점기인 1930년대이다. 망국의 비참한 현실에 직면한 그들은 날카로운 비판 의식으로 지나온 조선의 역사와 문화를 엄정히 자성하였다. 그것은 당시 선각자들이 행한 지성적 활동 중에도, 특히 국치國恥를 면하고 자주독립을 강구하던 방법의 일환이었다.

그들의 명민한 예지는 조선의 학문 중에서 자강自強을 강구한 자취를 추적했다. 그들 눈에 띈 것이 '성리학에 반기'를 들고 갖가지 제도의 모순과 적폐를 척결함으로써 민생 구제, 곧 강국화를 꾀했다고 할 것인 '조선 후기 실학'이었다. 실제로 그 탈성리학적 실학이야말로 17세기까지 조선의 각종 부조리를 타파 개혁함으로써 '그들 조국의 부유와 강성'을 추구하는 데 진력한 학문이었다.

이렇듯 후기 실학의 가치를 인지한 그들로서는 그것을 크게 조명하지 않을 수 없었다. 후기 실학의 발견에 만시지탄晩時之歎을 금하지 못한 그 '30년대 학자들'은 즉시 그것을 조명하면서 부흥시키는 데 주저하지 않았다. 후기 실학은 그제야 드디어 빛을 보기 시작, 부흥의 계기를 맞았다. 이것이 탈성리학적 후기 실학이 학계의 주목을 받고 연구되기 시작한 역사적 배경이다.

후기 실학에 대해 가장 먼저 관심을 쏟고 연구를 시작한 학자는 바로 박은식朴殷植(1859~1926), 신채호申采浩(1880~1936), 정인보鄭寅普(1892~?), 문일평文一平(1888~1939) 및 최남선崔南善(1890~1957) 등이다. 이들 대부분은 19세기 중기로부터 20세기 중기까지의 기간에 활동한 독립운동가이고 언론인이자 국사학자이다. 비록 초학은 유학(성리학)으로 출발한 학자들이었지만, 청년기 이후에는 모두 동서 사상과 학문을 섭렵한 이들이기도 했다.

언론에 종사할 만큼 서구 학문에 일찍 눈뜬 이들 또한 기존 성리학의 현실 극복 역량의 한계를 인지, 그것을 효능이 다 된 흘러간 사상으로 판단했다. 이들 대다수는 심지어 성리학을 '조선 패망의 사상적 원흉'으로 간주하기까지 했다. 그만큼 성리학에 대한 부정적 사유에 차 있던 이들의 비판 의식은 곧 '후기 탈성리학적 실학'을 '성리학의 대안'으로 평가, 중요시하면서 스스로 연구에도 참여했다.

이들의 사상적 궤도는 물론 '민족주의'였다. 민족주의를 명시적으로 표방하면서, 그 이념 아래 애국 독립운동에 적극 참여한 투사형 학자가 대부분이다. 이런 점은 이들이 행한 국사 연구에서 확실히 드러난다. 박은식이 제시한 '국혼國魂', 신채호의 비아非我에 대한 '아我', 정인보가 주창한 '조선인의 얼' 등은 모두 한국사에 대한 일제의 정체론적 타율사관에 맞서 주체적 자율사관으로 해명하려 내세운 '한국사의 자율적 동인'이다. 민족주의에 입각한 이들의 자율사관 또한 중국에서 전래한 성리학보다는 다분히 자각적 자기 노력이 많이 깃든 탈성리학적 실학에 더 호의로 대하게 되었다.

이들의 의식에 따르는 한, 성리학자들의 예禮란 공허한 형식만능적 성향이고, 좀처럼 결말이 나지 않던 리기론理氣論 및 그 논변論辨은 한낱 비생산적인 공리공론으로밖엔 보이지 않았다. 그에 견주어, 후기 실학자들인 이수광李睟光(1563～1628), 유형원柳馨遠(1622～1673), 이익李瀷(1681～1763), 정약용丁若鏞(1762～1836)의 저술들인 『지봉유설芝峯類說』, 『반계수록磻溪隨錄』, 『성호사설星湖僿說』, 『목민심서牧民心書』, 『경세유표經世遺表』 등은 조선 후기 각종 제도의 모순과 정치의 문란으로 얼룩진 폐단弊端을 모두 혁파하려던 개혁설인 만큼, 허약한 조선을 위해서는 당장에라도 실천하고 싶었던 이론이었다. 다시 말해 그 개혁설들은 그들이 추구하던 '자주독립을 위한 자강自強'에 대한 실용적 가치를 지닌 것으로 인정하지 않을 수 없었다. 이처럼 후기 실학에 대한 이들의 새로운 인식은 그에 대한 연구의 가치마저 촉발하였다.

하지만 그들 대부분은 연구에 쏟을 겨를이 태부족한 형편이었다. 가장 시급한 독립운동에 투신해야 했다. 해서 이들은 후기 탈성리학적 실학에 대한 연구를 국사학자로서 필요한 정도거나, 언론인으로서 갖추어야 할 계몽 차원의 지식 습득 정도로 그쳤다. 다만 학계에 몸담았던 정인보만이 전문 차원의 연구에 종사할 수 있었다. 그가 이룬 이익 및 정약용

사상에 대한 연구가 이 점을 입증한다. 하지만 방대한 후기 실학에 대한 보다 넓고 깊은 연구는 그 혼자하기에는 너무 힘에 겨운 것이었다. 그것은 필자와 같은 세대의 몫으로 남겨질 수밖에 없었다.

3) 필자의 연구 방법

실학實學을 파악하려면 무엇보다도 '실학' 개념에 대한 해명이 앞서야 할 것이다. '실實'과 '실학'을 밝히고 그것과 관련된 문제로 넘어가야 한다. 비록 '실학' 어휘는 유학의 전유물이 아니지만, 유학 자체를 의미할 경우가 가장 많았다. 성리학에서 이를 명시적으로 많이 사용해 왔고, 그 뒤 탈성리학적 후기 실학에서도 꽤 사용했다. 그런 만큼 그 용례들을 고찰하여 의미를 명확히 밝혀야 한다. 사용한 경우가 둘이라면, 그 용법에 따른 의미의 동이同異 여부를 가려야 한다. 후기 실학의 실체는 이런 과정을 겪어야 명료해질 것이다.

하지만 실학 어휘 자체의 해명은 곧이어 다음 장에서 하기로 한다. 더 앞서 검토해야 할 사유 몇 가지가 있다. 어느 연구에서나 연구자의 관점 또는 입장이 있게 마련이다. 그것이 연구의 내용과 성격을 결정하는 조건이기도 하다. 실학을 대하는 필자의 입장은 1930년대의 민족주의 학자들과 크게 다르지 않지만, 그렇다고 완전히 같다고 할 수도 없다. 그때와 오늘날의 환경이 다름을 고려하면 그 이유는 자명하다. 선각자들은 그 시대의 여건에 부응할 입장에서 이를 대하였으나, 필자는 광복 이후 오늘과 내일의 시대적 환경을 더 고려하는 입장이다.

다음, 후기 실학이 성리학에 대한 비판 의식에서 대두했음을 감안해, 이 연구에서는 '성리학과 후기 실학의 관련'을 상세히 밝히면서 진행하려 한다. 그런 작업에서 '상호 간의 차별성'이 확실히 드러날 것이 예상되기 때문이다. 이런 비교를 통한 조명에서 후기 실학의 '탈성리학적 성격'은 더욱 분명해질 것이다. 비교하는 범위는 비록 일정하게 한정되겠지만, 그런 범위에서라도 핵심적 차별성을 드러내는 작업은 반드시 필요하다.

또 고려해야 할 점이 있다. 실학에 대한 이해를 사상 차원에서 그친다면 불완전할 것 같다. 학계의 연구 부족으로 해서 부득이한 경우를 제외하고는 가능한 한 '철학까지 포함'하는 연구가 바람직하다. 후기 실학을 되도록 다각도로, 그리고 심층적 차원까지 살펴, 전면적이고도 입체적인 파악을 시도하려고 노력해야 한다. 주제에 '포괄적包括的 이해理解'라는 표현을 사용한 이유가 이에 있다.

비교 연구를 곁들인 포괄적 연구일지라도 근본적으로 중요한 것은 성리학과 아울러 후기 탈성리학적 실학을 모두 실학이라 하게 되는 점을 찾는 것이다. 그것은 바로 '실제성實際性' 또는 '실용성實用性' 사유의 차이가 아닐 수 없다. 이 사유의 차이가 밝혀지지 않고서는 우리의 이해 또한 충분치 않음을 고려해야 한다. 실학 용어가 함유한 실제성 또는 실용성 의미의 구체적 파악은 결국 실학을 실학이라 하게 하는 근거이다. 그런 만큼, 어느 실학이든 그것을 실학이라 하게 하는 이 점을 해명해야 한다. 이 연구는 앞으로 이상 몇 가지를 충족시키는 방법으로 진행할 계획이다.

끝으로, 가능하면 이와 같이 파악한 후기 실학에 대한 비판적 성찰을 추가하고 싶다. 이는 후기 실학에 대한 '철학적 음미'에 해당한다. 후기 실학이 지닌 역사적 함의와 아울러 철학적 함의의 추출 없이는 결코 충분한 연구라고 할 수 없다. 이런 점에서 주제의 포괄적 이해는 사실상 '실학에 대한 철학적 연구'라고 번역할 수 있다.

2. 실학, 한 용어의 두 의미

—실학 자칭한 두 유학—

1) 실학 개념

실학에 사용된 '실實'은 '알참', '알속'이라는 의미가 근본 바탕을 이룬다. 이것은 또 영盈, 성誠, 진眞, 유有 및 용用과 밀접히 관련된다. 따라서 실의 반대어는 허虛, 공空, 무無이다. 이런 실의 성격이 '학문'에 깃든 '실학實學'은 곧 '허학虛學의 반어'이다. 공허空虛·무용無用·무효無效를 무엇보다도 배척하는 의미의 학문이 실학이다. 이런 점에서 실학은 참(眞) 또는 진실眞實과 성실誠實을 기저로 하여, '유용有用과 유효有效를 핵심적 의미'로 삼는다. 유용과 유효를 중요시했기에 실학은 동기보다 결과에 치중하는 경향을 띠고, 예상되는 무용과 무효를 배제하는 특징을 지닌다. 집약해, 유용과 유효 중심의 실제성을 추구하는 학문이 실학이다.

하지만 실학 용어가 항상 '일률적 의미로 사용되지 않음'에 주의해야 한다. 이 용어를 성리학에서 사용하거나 탈성리학적 후기 실학에서 사용할 때, 비록 핵심적 의미는 변함없더라도 부가적 의미에서 차이가 생긴다. 이 점은 실학 용어를 적용하는 대상과 역점에 따라 생기는 내용과 성격의 차이이다. 이는 고찰의 진행에 따라 확인될 사실이다.

2) 용어로 인한 혼란과 극복 문제

실용과 실효를 중심으로 한 실학의 실제성 추구 성향은 때로 혼란을 야기한다. 이 '용어 하나'를 성리학과 후기 실학에서 다 함께 사용할 경우 그렇게 된다. 이 혼란은 지난날부터 현재에 이르기까지 학계에서 완전히 불식되지 않은 점이기도 하다. 성리학이나 후기 실학을 살필 때는 반드시 이 점에 주의해야 한다.

성리학과 후기 실학에 대한 무변별無辨別의 결과는 후기 실학을 성리학의 연장延長인 듯 여기게 했다. 이는 단지 실학 한 용어가 지닌 두 가지 서로 다른 의미로 인해 생기는 오해이다. 이 문제를 우리는 이 고찰에서 해명, 극복하도록 할 것이다. 두 가지 실학의 내용과 성격을 살피고 나면 그 혼란은 자연히 해소되지 않을 수 없다. 다음의 3장과 4장이 바로 그 두 실학의 '형성으로 살핀 차이점'의 해명이다. 성급한 독자를 위해 서로 분별되는 핵심적 근거를 미리 알린다면 이렇게 약술할 수 있다. 곧 성리학은 '불교를 극복 대상'으로 출발한 실학인 데 견주어, 후기 실학은 조선 중기 이후(16~18세기)의 '성리학과 그 풍토를 극복 대상'으로 한 것이다. 다시 말해 성리학에 실학을 적용한 것은 불교를 배척하는 의식에서 출발했으나, 후기 실학은 성리학과 그 풍토를 배척하는 데 목적이 있었다. 이런 차이를 염두에 두면 실학 용어 사용으로 인한 혼란은 결코 일어나지 않게 된다.

제2편

3. 성리학적 실학의 형성
   —성리학의 실학 성격—

4. 탈성리학적 실학의 형성
   —방법론을 중심으로—

3. 성리학적 실학의 형성

—성리학의 실학 성격—

1) 성리학의 실학 적용 근거

살피기에 따라서는 본원유학本源儒學에도 실학이라 여길 요인은 있었다. 구체적으로 자신과 가정과 국가를 이끌어 가는 수신修身, 제가齊家, 치국治國이 모두 삶에 실용성을 지닌 점에서 그렇다. 하지만 본원유학에서는 실학 용어를 사용하지 않았다. 이를 처음 사용한 것은 송宋대의 성리학 형성에 크게 기여한 정이程頤가 『중용』의 내용을 해제하던 자리(「中庸章句」)에서였다.

그 뒤 성리학자들이 이 용어를 자주 사용했다. 그들은 성리학(유학)을 특히 불교와 대비하면서 '실학'이라는 용어를 구사했다. 성리학의 발흥勃興 자체가 불교를 집중적으로 배척하는 의지로 이룬 것이다. 이 점을 구체적으로 돌아보자. 당나라 때는 인도불교를 넘어 '중국불교'라는 칭호가 나올 정도로 불교가 흥성했다. 따라서 유학은 불교에 밀려 그 우세가 약해졌다. 이에 자극을 받은 당나라 말기 유학자 한유韓愈, 이고李翶 등이 불교 배척에 적극 앞장섰다. 아울러 그들은 구두로만 배척해선 성과를 거둘 수 없음을 깨닫고, 이론으로도 불교에 대항할 방법을 찾았다. 불교에는 사법인설四法印說, 인연연기설因緣緣起說, 법계설法界說, 유식설唯識說 등이 있어 지식인을 매료시키는데, 유학에는 그러한 철학이 없음을 그들은 깨달았다. 유학에도 이 정도의 이론 없이는 불교 극복의 목적이 지식층에까지 될 수 없음을 알아차린 것이다.

이론 강화에 의한 유학계의 불교 극복 노력은 마침내 송대宋代의 다음과 같은 학자들에 의해 이루어졌다. 정호程顥, 정이, 주돈이周敦頤, 장재張載 및 주희朱熹 등이다. 이들은 공자, 맹자의 본원유학을 '철학적으로 재구성한 유학', 곧 리기理氣, 심성心性, 천명天命, 태극太極 등의 이론을 갖춘 새로운 유학을 일구었다. 이것이 바로 새로운 유학인 '성리학性理學'이다.

고려 역시 불교가 국교國教와 같은 위상에서 시대사상의 역할을 함에 유학은 권위를 잃고 있었다. 12세기 말엽~13세기 고려의 임춘林椿, 이규보李奎報(1168~1241) 등이 사찰과 승려들의 도덕적 타락을 비판하는 형식으로 불교 배척을 통한 유교 부흥을 꾀했다. 그리고 그들은 새삼 본원유학에 잠재되었던 철학 개념들로 유학의 새로운 철학화를 이루었다. 사물에 대하여 철학적으로 이해하는 이론의 업적을 남겼다. 임춘과 이규보 등은 유학의 철학화를 통한 우주론과 인간론 및 심성론을 일구었던 것이다.[1] 중국에서 일어난 것과 똑같은 현상이 고려에서도 일어났다. 이처럼 유학의 대대적이고도 혁신적 개혁을 통해 이룬 것이 바로 성리학이다.

---

1) 이들도 태초의 氣에 의한 萬物(자연)의 生成 및 인간의 心性을 논했다. 상세한 것은 필자의 『한국유학사』(지식산업사, 2012)에 서술했음.

유학을 개혁한 성리학자들은 이어 불교와 견준 유학(성리학)의 장점을 강조했다. 불교에서는 출가해서 가정과 사회 및 국가 생활을 소홀히 하는 데 반해, 유학은 '충忠, 효孝 등 윤리도덕倫理道德과 예사상禮思想'으로 실생활에 충실함을 들었다. 전자가 불교의 약점임에 견주어 후자가 곧 유학의 장점임을 역설했다. 그 유학의 장점을 근거로 성리학자들은 유학 또는 성리학이 곧 '실학實學'이라는 주장을 했던 것이다. 불교는 가정과 국가를 소홀히 하는 일종의 허학虛學인 데 반하여, '성리학은 실학實學이라는 주장'을 역설하였다. 이것이 성리학에 대해 실학 용어를 적용하게 된 배경이다.

하지만 후기 실학의 형성 배경은 이와 전혀 다르다. 시대가 흐르면서 성리학은 15세기 말 이후로 갈수록 현실 대응력이 쇠약해졌다. 17~18세기에 이르러 국정의 혼란이 극심해졌고, 사회 현실은 누적된 폐단들로 인하여 민생이 파탄 지경에 이르렀다. 이에 17세기 이후 일부 양심적인 유학자들은 '탈성리학적 실학'을 강구했던 것이다. 따라서 후기 실학의 발흥은 쇠퇴해 가는 조선의 참상에 자극을 받은 일부 양심적인 선비들의 '반성리학'과 '반성리학 풍토'에서 일으킨 개혁설에 기인했다. 이에 따라 후기 실학의 성격은 '성리학의 실학 성격'보다 더 적극적인 실제성을 확보한 것이다. 일반적으로 실학이라고 하면 마치 후기 실학만이 실학인 듯이 여기는 인상은 이런 성격에 기인한다.(사실 이에 대한 상세한 설명은 4장에서 할 계획이다. 여기서는 중복을 피하기 위해 더 이상 상세하게 설명하지 않겠다.)

아무튼 성리학은 후기 탈성리적 실학자들의 비판과 상관없이 조선 말까지 통치사상의 위치에서 존속되었다. 따라서 조선 후기는 '두 실학의 병존 시기'였던 셈이다. 그런 터에 성리학자들의 수효가 후기 실학자들의 수효보다 훨씬 많았다. 그런 점들이 후기 실학을 성리학과 별도로 이질시하는 데 혼란을 가져왔다. 하지만 이러한 통념과 혼란은 계속될 고찰에 의해 소멸될 것이다.

2) 조선 초 성리학의 실학적 현상

조선 초에 제일 먼저 '성리학을 실학으로 지칭'한 학자는 정도전鄭道傳(三峯, 1342~1398)이다. 이성계와 함께 역성혁명의 주역으로 고려를 제거하고 조선을 건국한 그는 뛰어난 정치가이지만, 또한 당대의 누구 못지않던 성리학자였다. 고려조에서 국교 대우를 받던 불교를 물리치고 '성리학을 조선의 통치사상'으로 결정하는 데도 그의 영향력이 크게 작용했다. 그가 성리학을 실학이라 일컬은 장소 또한 불교 배척을 위해 지은 대표적 저서, 『불씨잡변佛氏雜辨』이었다. 해당되는 대목은 다음과 같은 것이다.

> 우리(유학)는 '모든 변화에 대응한다'(酬酢萬變) 하고, 저들(불교)은 '모든 것에 순수히 따른다'(隨順一切)고 하니, 그 말이 같은 듯하나, 그렇지 않다. 이른바 '모든 변화에 대응(수작)한다'는 것은 사물이 이를 때 마음으로 각기 그 당연한 법칙에 따라서 제어하고 처리해, 그것들에 마땅함을 잃지 않도록 함이다. 예로 여기 자식이 있으면 반드시 효孝를 행하게 하여 불효를 범하지 않게 하고, 신하가 있으면 반드시 충忠을 행하게 하여 어지럽게(亂) 하지 않도록 함과 같다.
> (그러나)…… 불교(부처)가 '일체에 순수히 따른다'고 함은 자식 된 사람으로 효자는 스스로 효도하고 불효자는 저대로 불효하며, 신하 중 충성스

러운 자는 스스로 충성하고 불충한 자는 저대로 불충하는 것이다.……
근세의 불교는 더욱 편벽되고 방탕하며 사특하고 도피적인데도 그리로 옮기려 해, 옛 성현의 명덕明德과 신민新民의 실학實學을 어지럽히니, 그 또한 잘못이다.[2)]

정도전의 이 글이 실학 용어를 성리학에 적용한 '전형적 예'이다. 성리학을 '실학이라' 할 때, 그 대비하는 상대가 특히 불교였기 때문이다. 이 점을 충분히 이해하기 위해 잠시 앞 항의 내용 일부를 되짚겠다.

일찍이 유학의 성리학화는 중국뿐 아니라 고려에서도 비슷한 양상으로 진행되었음을 언급하였다. 고려 중기 후반(12~13세기) 이의李顗(?)와 임춘(?)[3)] 및 이규보가 사찰의 비리와 승려들의 타락을 들어 불고를 배척하면서, 그들 나름의 리기설理氣說과 심성설心性說을 논한 현상이 그것이다.[4)] 이 현상은 이 무렵 고려의 학자사신學者使臣들이 북송과 빈번히 왕래한 사실과 연관되지 않았을까 추측한다. 확실한 증거는 찾아지지 않지만, 사신 신분의 고려 학자들은 당시 성리학을 일으키던 중국학계의 동향에 전혀 영향받지 않았다고 하기 어렵다.

아무튼 임춘과 이규보 등은 불교를 비판, 허학시虛學視하면서 유학의 부흥을 꾀했다. 그 경향은 13세기 말 안향安珦(또는 安裕, 1243~1306)이 주희의 성리학까지 전입한(1298) 뒤 더욱 심해졌다. 당시 성리학 전파에 크게

---

2) 鄭道傳, 『三峯集』, 「佛氏雜辨」.
3) 李顗는 李子淵의 둘째 아들로 문종과 선종 기에 諫官 등으로 활약했다. 林椿도 생몰연대는 불확실하지만, 그가 鄭仲夫의 亂 때 李仁老(1152~1220), 吳世中(?)과 江左七賢으로 했음은 확실하다. 그런 만큼 이들이 12세기 인물들로 추정된다.
4) 앞에서 필자의 『한국유학사』(지식산업사, 2012)에 상술했음을 밝혔다.

공헌한 이제현李齊賢(1287~1367)은 유학에 대한 '실학實學'의 개념을 적용하기도 했다.[5] 그의 문하에서 이색李穡(1328~1396)과 정몽주鄭夢周(1337~1392) 등이 나와 성균관의 성리학 교육을 담당했다. 불교 배척의 선두에서 활동한 정도전 또한 성리학을 자신의 학문 궤도로 삼은 학자 중 하나였다.

여기서 문제의 본론인 정도전의 위 문장으로 다시 돌아가겠다. 그에 따르면, 불교는 실생활을 방임하여 나라도 돌보지 않음은 물론이고, 인간들을 도덕적으로 타락하게 한다. 반대로 성리학은 "모든 것에 대응(酬酢萬變)하는 성격의 학문"으로, 인간을 어느 환경에서나 '도덕적으로 규율'하여 합당한 생활을 하게 해 준다. 그의 주장으로, 인간의 선한 덕성을 밝힘으로써(明德) 나라 다스림에서도 모든 백성의 삶을 새롭게 해 주는 것(新民)이 성리학이다. 유학 전래의 요목인 격물格物, 치지致知를 비롯하여 수신修身, 제가齊家, 치국治國 등을 하는 것이 성리학인 만큼, 불교에 견주면 현실생활에 실용적이라 하지 않을 수 없다. 조선 초 성리학에 적용한 '실학의 의미와 성격'은 바로 이상과 같이 정리된다.

3) 16세기, 성리학적 실학의 사례

(1) 무실에 입각한 성리학적 실학

조선에서 성리학을 실학이라 한 학자는 정도전에 국한되지 않았다.

---

5) 이제현은 이 용어를 단순히 불교 배척의 시각에 국한하지 않고, 보다 더 넓은 의미인 생활상의 실질적이고 실용적인 가치를 일컫는 용어로 사용했다.

그 밖에 다른 학자들도 상당히 있었다. 그중에는 성리학자로서 실학 자체를 매우 분명하게, 그리고 기본적인 용례를 들어가면서 상세히 논한 이가 있다. 조선 성리학의 만개기인 16세기 이이李珥(1536~1584)가 서술한 실학관이 그런 것이다. 이이야말로 '성리학적 실학'을 체계적으로 이론화한 업적을 남겼다.

이이는 실학을 논하기에 앞서 자기 나름의 성리학을 이미 이룩했다. 성리학을 '성학聖學'으로 간주한 이황李滉(1501~1570)이 『성학십도聖學十圖』를 저술했듯이, 『성학집요聖學輯要』를 저술했다. 이 두 서적은 성리학을 일반 유학 아닌 '성인聖人으로 되게 하는 학문'으로 간주한 책이다. 성인으로 되게 할 대상은 누구나 다 포함되지만, 실제로는 그것을 읽을 수 있는 선비(士人)들과 특히 임금(君王)이라야 한다. 임금에게 이를 바친 점에서 판단하면 이는 '성왕聖王으로 되게 하는 학문'이라는 뜻도 된다. 따라서 이들의 '성학'은 임금을 최고의 이상적 인간, 성인이 되도록 하는 데 목표를 둔 것이다. 이 서적의 특징이자 한계 또한 이런 점에 있다. 잠시 그의 실학에 대한 이해에 도움이 될 것을 고려하여 그의 리기설理氣說 등을 상기하겠다.

이이는 정주계 노선의 성리학자인 만큼 '천즉리天卽理', '성즉리性卽理' 등의 명제를 계승함은 물론이고, 리기理氣의 불리不離와 부잡不雜의 관계(곧 一而二, 二而一)를 '리기의 묘함'(理氣之妙)이라 표현했다. 리기 관계에 대한 묘함이란 실상 리理와 기氣 어디에로도 편중 편향하지 않으려는 태도로 통한다. 하지만 '사단칠정론四端七情論'에서 그가 이황과 달리 리발理發을 부정하는 사례로 보아 그의 리기론적 성향은 리理보다 기氣를 중요시했다는 판단이 나온다. 그는 '발發'의 표현을 적용할 수 있는 것은 오직 '기'뿐임을 역설했다. 학계에서 이황에 견주어 그가 '기에 치중한다'고 하는 평이 나오는 이유이기도 하다. 그의 이런 기 중요시 경향은 결국 성리학자인 그가 보이는 '실용성' 또는 '실질성' 중요시 사유로 통하는 증례이기도 하다.

실제 이런 경향으로 뒷받침된 사상이 이이의 실학사상이다. 일러 '실에 힘써야 함' 곧 '무실務實'을 강조하는 점이 그런 사상의 단면이다. 실학을 역설하려는 시각에서 '무실의 태도'를 누구보다도 역설한 학자가 이이였다. 무실이란 물론 '실'의 원초적 의미인 '실용實用과 실효實效에 힘씀'이 아닐 수 없다. 이런 점에서 이이의 실학사상은 바로 '무실 입장에서 형성'한 것이라는 해석이 나온다.

무실 정신을 바탕으로 이이는 아예 '유학 전체를' 나름으로 '실학화實學化'한 작업까지 남겼다. 『대학』에 명기된 유학의 학습 목록인 '팔조목八條目'에 실實 개념을 적용해 나타낸 것이다. 그것은 곧 다음과 같다.

> 격치의 실(格致之實), 성의의 실(誠意之實), 정심의 실(正心之實), 수신의 실(修身之實), 효친의 실(孝親之實), 치가의 실(治家之實), 용현의 실(用賢之實), 거간의 실(去姦之實), 보민의 실(保民之實), 교화의 실(敎化之實).[6)]

이이는 이와 같이 '팔조목 전체'를 자신의 무실 입장에서 조정했는데, 그 조정이 다름 아닌 '유학의 실학화實學化'이다. 그 실학화의 내용은 격물과 치지를 '격치格致 하나로 묶고', 제가 조목을 '효친孝親과 치가治家 둘로'

6) 李珥, 『栗谷全書』, 권15, 「東湖問答」.

증가하고, 치국 조목을 '용현用賢, 거간去姦, 보민保民, 교화敎化 넷으로' 대폭 확장하고, 평천하를 '제거'한 것이다.

그의 이 조정을 타당시하려면, 다음과 같은 변辯이 앞서야 할 것이다. '평천하 조목'은 치국의 확장 또는 연장 성격인 만큼 재언할 필요 없다라든가, 격물과 치지 또한 같은 '한 작업의 연계적 표현'이라는 사유가 작용했다고 할 것이다. 그래야만 실학화를 위한 그의 조정은 타당시될 수 있다.

제가 조목을 둘로 하고, 특히 치국을 넷으로 대폭 증가한 대목은 그의 '제가에 대한 중요시'와 '치국사상의 집중적 확장'이라는 특징이다. 이는 실용과 실효를 추구하는 그의 실학 사유의 반영이다. 해석에 따라서는, 그의 실학의 비중이 '치국에 집중'되었음을 알려주는 증거이자, 당시 국내 현실에 대한 그의 '경장更張 사유思惟의 표출'이라 하겠다.

(2) 성리학적 실학의 수기와 안인

유학의 학문적 성격을 공자는 '수기修己'와 '안인安人'(곧 治人)으로 분류했다. 앞에서 논의한 팔조목 전체가 이 두 측면에 다 포괄된다. 이는 공자의 가르침인 데다 간략한 분류라서 유학의 해명에 자주 인용된다. 이이 역시 실학을 이런 시각으로도 설명했다. 아래 글은 바로 '수기에 적용'한 그의 실학사상이다.

수기의 공효는 거경居敬, 궁리窮理, 역행力行에 벗어나지 않는다.[7)]

천도天道는 곧 실리實理이고, 인도人道는 곧 실심實心이다.[8]

실리와 실심은 성誠에 지나지 않는다.[9]

인용문의 순서에 따라 내용을 정리하자. 수기의 효과를 거두게 하는 것은 '거경', '궁리', '역행' 세 가지로서, 이 셋이 수기를 '실학적 수기'답게 하는 요건이다. 이는 주희 이래 이황에게서도 역설되는 요건으로 이이만의 이론은 아니다.

이이의 독자적 이론은 수기를 '실심實心'으로 이해하고, 그 '실심을 성誠'으로 대입한 것이다. 그에 따르면 천도에 대응되는 인도의 수기란 마음가짐을 실實하게 하는 '실심'이고, 그 실심으로 되게 하는 요건은 '성실誠實'에 있다. 수기修己를 위한 세 가지 요목 중 가장 중요한 요목은 '성실'이라는 것이 그의 주장이다.

여기 주의할 점이 있다. 성리학자들의 일반 사유로는 '성誠의 상태는 경敬으로부터 이루어진다'는 것이다. 이이 또한 '성' 대신 '경'을 수기의 가장 긴요한 요목으로 여기는 때도 간혹 있다. 하지만 '성'과 '경'을 엄밀히 구별할 경우는 그렇지 않다. 그에 따르면, '경敬'은 '공부의 요건'(用功之要)이고, '성誠'은 '공부의 성과를 거두는 터전'(收功之地)이다. 풀면, '경'은 동기의 성격이 짙고 '성'은 결과의 성격에 해당한다는 뜻이다. 그런데 인용문에서 보듯, 그는 '경'보다 '성'을 더 중요시했다. 따라서 이를 번역하면, 이

---

7) 李珥, 『聖學輯要』, 권2, 「總論, 修己章」 제1.
8) 李珥, 『栗谷全書』, 拾遺 권6, 「四子言誠疑」.
9) 앞 책, 권15, 「雜著, 學校模範」.

이는 실속을 중요시하는 무실의 시각에서 '성'을 '경'보다 더 중요시한 학자였다는 것이다. 이것이 '경'을 어느 때나 가장 중요시하는 이황의 사유와 다른 점이다.

한편 안인安人(곧 治人) 방면에 적용한 이이의 실학적 사유를 살피자. 이 부분에서 이이는 '현인을 관리로 등용할 것'(用賢), '관리 가운데 간교한 자를 제거할 것'(去姦), '민생의 안정과 국방 강화를 통한 국민 보호'(保民) 및 '교육을 통한 국민 교화'(敎民)를 주요 요목으로 들었다. 그는 실제로 윤원형尹元衡(?~1565) 같은 외척의 전횡을 매우 경계했고, 군병의 정비와 훈련을 통한 국방 강화를 역설했으며, 『격몽요결擊蒙要訣』, 『학교모범學校模範』 및 일련의 『향약鄕約』들을 통해 오륜과 예행의 습속화를 꾀했다. 그에 있어 치국론이야말로 「만언봉사萬言封事」와 「진시폐소陳時弊疏」 등 상소문에서 이 조목들을 연거푸 역설한 것이다. 그의 상소문에 담긴 주요 내용은 이 네 조목을 사실상 벗어나지 않는다 해도 지나침이 없다.

이이의 치국설(經世說)에서 또 주목해야 할 것이 있다. 그것은 무실 정신에서 '경장更張' 이름의 '개혁改革'을 주장한 사실이다. 그는 모든 요목의 치국설들에 대한 실학화實學化를 이루기 위해 특히 '개혁 의미의 경장' 개념을 구사했다. 그 경장설에서 이이는 당시가 건국 후 200년을 지난 만큼 그동안의 적폐로 인해 나라가 쇠퇴하게 될 '조선의 중기中期'라고 진단했다. 그 예단이 적중했음에 우리는 그의 뛰어난 통찰력을 확인한다. 그가 실학을 유난히 강조한 이유가 그의 이런 시대 파악에 있었다.

정리하면, 이이는 무실務實의 태도를 앞세워 '실학 정신'을 수기와 안인 양면에 적용했음은 물론, 그 내용 또한 '성인으로 되게 하는 학문' 곧 성학聖學의 성격과 용법에 적합하게 했다. 그가 의도하는 수기의 실實이 그렇고, 안인의 실 또한 그런 것이다. 전자의 증거가 진덕수업進德修業을 논한 그의 『학교모범』 등에서[10], 후자의 증거가 국가 위망 시기에 드러날 위偉와 열烈을 논한 『부여현의사기扶餘顯義祠記』 등에서[11] 확인된다. 하지만 그의 실학이 특히 '성학'에 적합하도록 했다면, 현실에 깃든 적폐 해소가 지향해야 할 실제적 위민爲民 또는 안민安民 시각에도 부합하게 했다고 판단할 수 있을까? 그 점에서는 어쩔 수 없이 다 충족하지 못한 한계가 있지 않았을까? 이런 성찰 또한 뒤 어느 자리에서든 꼭 해야 할 문제가 아닐 수 없다.

4) 17세기, 예학적 실학

성리학은 17세기에 그 본래의 '위기지학爲己之學' 성향을 보다 더 적극화하는 편향 현상을 보였다. 위기지학이란 공자가 가르친 대로 자기 수양에 의한 '진정한 자아 성취의 학문'을 가리킨다. 사물에 대한 향외적 지식 추구를 그는 '남을 위한 학문' 곧 '위인지학爲人之學'이라 하고, 그 반대인 수양에 의한 향내적 인격 성취 성격의 학문을 '위기지학'이라 했다. 유학의 이런 수기 위주의 편중 성향이 16세기 후반부터 증대했다. 이는 보기에 따라 성리학이 배척한 수양 위주의 불교와 유사해진 성향이었다.

---

10) 앞(각주 9)과 같음.
11) 李珥, 『栗谷全書』, 권13, 「記, 扶餘顯義祠記」.

불교는 다 아는 대로 참선參禪과 같은 수양을 철저히 한다. 그 불교의 몫까지 도맡은 성리학은 전래의 본원유학에 담겨 오던 이 위기지학을 새롭게 표방했던 것이다. 그런 맥락에서 성리학에서는 신독愼獨을 비롯해, 존심存心, 양성養性과 성찰省察, 함양涵養을 수기 요목으로 강조하고 실천했다. 이 풍조가 바로 이이의 수기론에 깃든 '실심實心'을 표방한 경敬, 성誠의 충실이었다. 17세기 성리학자들은 특히 이 태도를 더욱 발전시키려 했다. 이른바 '실심 위주의 실학 풍조'라 할 이 경향이 매우 현저해졌다. 대표적인 사례가 윤증尹拯(明齋, 1629~1714)의 성리학적 실학이다.[12)]

윤증이 보인 '위기지학 경향의 편중'은 당시 기호유학 흐름과 관련된 현상이었다. 기호 유학자들은 이이의 학통에 속한 학자들이었다. 이이의 문인이자 예학禮學의 대가이던 김장생金長生(1548~1631)을 잇는 계열에 위치했던 학자 중의 하나가 윤증이었다. 그에 있어 실학은 오직 수기에 기초한 실심實心, 곧 경敬과 성誠의 마음가짐을 강조하는 특징을 띠었다. 그 실상을 구체적으로 살피자.

> 잡서雜書를 두루 널리 보아 널리 통하면 일을 이루지 못하는 경우가 있게 된다. 반드시 실학實學을 공부해야 밖으로 치닫는 폐단을 면할 수 있다.[13)]

> 무실務實 두 글자를 학문하는 초두에 붙여 두면 아마 기초가 될 것이다.[14)]

---

12) 이 현상은 이황의 문하에서도 거의 마찬가지였다. 특히 寒岡 鄭逑(1543~1620) 등이 그러했는데 뒤이어 고찰할 것이다.

13) 尹拯, 『明齋集』, 권19, 「與朴士元」.

14) 앞 책, 권11, 「與朴和叔」.

실심實心이 있으면 저절로 실제적인 공효功效가 있게 된다.[15)]

이렇듯 윤증 또한 실학을 지향하는 무실을 강조했지만, 그의 실학은 서적을 통해 향외적 지식을 추구하는 것이 아니다. 오히려 향내적 마음공부인 실심實心의 추구를 실학이라 여긴 '위기지학' 종류이다. '경'과 '성'의 태도를 통하여 '실심 갖추기'를 진정한 학문으로 여긴 학자가 윤증이고, 그 위기지학 지향의 실심 갖춤이 곧 그의 실학이었다.

윤증의 이러한 실학사상에도 나름의 이유가 있었다. "한 마음이 참되지 않으면 모든 일이 다 거짓되며, 한 마음이 참되면 모든 일이 다 진실해진다"[16)]가 그것이다. 하지만 지식과 지혜의 차이도 밝히지 않은 채 추구하는 그의 '실심공부實學工夫'에는 약점도 잠재했다. 그 약점은 "정의精義와 존성存省에 더욱 나아가 원대한 실학으로써 우리 도道의 전망을 위무한다"[17)]는 것이다. 이렇게 되면 그의 실학은 '도道라는 지혜' 추구의 수단이었던 셈이다.

윤증이 추구한 위기지학 성향은 마침내 스승 김장생의 예학禮學을 이었다. 본래 유학의 발흥 자체가 춘추시대 예교육(相禮)으로 출발했기 때문에, 옛적부터 '예'는 유학의 전유물처럼 여겨 왔다. 그런 터에 성리학의 발흥시기 불교에 견준 유학의 우월함으로 내세운 것이 도덕과 예였으므로, '예'는 성리학에서 전보다 더욱 중요시되었다. 성리학에 있어 그것은

15) 앞 책, 권18, 「答李壽翁世龜」.
16) 앞 책, 권3, 別集, 「擬與懷川書」.
17) 앞 책, 권19, 「與朴士元」.

수기를 기초로 한 위기지학 의식에 동반된 '필수 요인'처럼 여겨졌다. 이런 맥락에서 무실을 앞세운 성리학적 실학에서는 실심實心이 치중하면서 '예의 실천'에 지대한 가치를 두었던 것이다.

17세기 이후 '성리학 흐름의 이 맥脈'이 '예' 치중 끝에 마침내 '예학禮學의 극성極盛' 현상[18]을 낳았다. 유학사에서 17~18세기를 '예학시대禮學時代'라고 일컫게 된 원인이기도 하다. 이런 학계와 사회 분위기로 인해 윤증은 당시 예학자 가운데 하나로 꼽혔다. 윤증의 예학자 면모는 그의 다음 저서들로 확인된다. 『제례유서祭禮遺書』, 『상례유서喪禮遺書』, 『사례사의후지四禮私議後識』, 『국휼중관혼상제례사의國恤中冠婚喪祭禮私議』가 그것이다.

당시 예학의 번창은 호서(충청도)의 김장생, 윤증 같은 학자에 한정되지 않았다. 이황의 영향을 받은 영남(경상도) 지역의 성리학자들도 마찬가지였다. 지역을 가리지 않았고 심지어 당파도 가릴 것 없이 그러했다. 영남의 으뜸가는 예학자로는 정구鄭逑(1543~1620)가 꼽힌다. 실로 그의 저서 또한 주요한 예서로써 특색을 이룬다. 『오선생예학분류五先生禮學分類』, 『가례집람보주家禮輯覽補注』, 『사례문답휘류四禮問答彙類』, 『심의제도深衣制度』, 『예기상례분류禮記喪禮分類』, 『오복연혁도五服沿革圖』가 그 증거이다.

허목許穆(1595~1682)에 따르면 정구의 예학은 다름 아닌 실학實學이다.[19] 그것은 물론 위기지학에 해당할 '철저한 수기의 실심'을 기초로 한 '예행이 투철했다'는 의미에서 부른 명칭이다. 이렇듯 17세기 이후 성리학

---

18) 이 무렵 임금의 喪服 기간을 둘러싸고 일어난 禮訟이 일종의 당쟁 성격으로까지 된 사실들이 이를 뒷받침한다.

19) 許穆, 『記言』 下, 別集, 권13, 「哀詞, 寒岡鄭先生輓詞」.

계는 '예학을 실학으로 여긴' 풍조로 그 시대 유학의 특징을 이루었다. 하지만 예학의 지나친 풍조는 당쟁마저 예론으로 하는 이른바 예송禮訟 형식을 낳았다. 복상론服喪論이 예송의 주제였던 사실이 그것이다. 따라서 그 풍조가 얼마나 형식 만능의 비실용적 비실제적 풍토였던가를 알 수 있다. 후기 탈성리학적 실학은 바로 이런 성리학적 풍토의 '비생산적 허학성'에 대한 대안적 반응으로 흥기한 것이다.

4. 탈성리학적 실학의 형성

—방법론을 중심으로—

1) 본원유학을 빙자한 박학 추구

성리학 풍토에 불만을 품고 탈성리학적 실학을 시도한 학자들이 등장한 것은 17세기 초부터이다. 성리학 풍토의 폐단을 벗어나려는 그들의 학문적 노력은 먼저 '학문(유학)의 방법론적 변경'으로 시작되었다. 그런 예의 첫 현상이 '박학博學 추구'였다. 성리학자들은 박학을 '잡학雜學'이라고 하면서 외면하거나 소홀히 해 왔다. 그런 잡학을 되레 본원유학의 박학이었음을 내세워 당연시하고 실제로 구사한 학자가 이수광이었다. 그는 성리학자들이 지나칠 정도로 시문詩文과 경전의 학습—經學—에만 몰두하던 태도를 성리학자들의 현실 감각 둔화의 원인으로 간파한 듯하다. 해서 그는 현실의 실상 파악에 정확성을 기하고 그 대응에도 능숙하려면, 좁은 범위에 머무는 학문 태도를 탈피해야 한다고 판단한 것 같다.

사실 성리학자들의 학문 태도는 너무 협소했다. 성리학자들은 과거를 통한 관료 지향 의지로 시와 문장의 연찬에 열중하거나 경전 독해에 치중

하면서 그 밖의 것은 '잡서雜書의 잡학'이라 하며 돌아보지 않으려 했다. 자기 수양을 빙자하여 그들은 윤증 또는 정구와 같이 실심實心을 바탕으로 예행禮行의 실천에나 진력했다. 하지만 이수광은 비록 성리학자들과 대립할지라도 박학을 추구해야겠다는 결심을 했다. 더욱이 그는 박학에 충실함이 자기 자신의 창의가 아니고 오히려 본원유학에서부터 선현들이 추구해 온 사실임을 강조했다.

> …… 전하는 말에 '널리 배우고 그것을 설명한다'고 했고, 또 '널리 배우고 자세히 묻는다'고 했다. 널리 배움은 자신을 위하여(爲己) 함이지, 남을 위해(爲人) 함이 아니다. 이제 널리 배움을 다른 사람 때문이라고 한다면, 아마도 잘못된 말일 것이다.[1)]

이수광의 이 언설은 '박학'이란 '심문審問', '심사深思', '명변明辯'과 함께 『중용』에 나오는 '유학의 학문 방법 중의 하나'라는 주장이다. 따라서 박학을 남을 위하는 학문(爲人之學)의 시각으로 배척함은 잘못된 태도라는 것이다. 이처럼 탈성리학을 시도한 후기 실학자들은 자신의 주장이 일종의 '본원유학 회귀 성격'의 이론임을 앞세웠다. 풀어 말하면, 그들은 자신의 '성리학에 대한 비판'이 유학 본래의 공자와 맹자가 이룩한 본원유학에 비춘 견해임을 강조했다. 그 본원유학을 빙자한 이유는 물론 '정주 성리학의 권위'보다 '본원유학의 권위'가 더 우월한 데 있었다. 따라서 그들의 이 방법의 구사는 곧 당시 성리학이라는 '통치사상 비판'으로 인한 자신

---

1) 李睟光, 『芝峯類說』, 권5, 「儒道部, 學問」.

들에 대한 비난을 면할, 곧 신변 보호를 기하려는 수단이기도 했다.

유학 본래의 방법임을 내세워 추구한 이수광의 '박학博學'의 성과가 바로 그의 『지봉유설』이다. 그 저서가 박학의 성격임은 책의 '목차 중 일부'만 보아도 확인할 수 있다.

> 권1—천문天文 · 시령時令 · 재이災異, 권2—지리地理 · 제국諸國, 권3—군도君道 · 병정兵政, 권4—관직官職,…… 권16—잡설雜說 · 인사人事,…… 권20—훼목卉木 · 금충禽蟲.[2)]

이는 실로 일종의 '백과전서' 성격의 학문 성향에 해당한다. 비록 책의 형식은 사전이 아니지만, 백과에 두루 통달하려는 태도를 보인 점은 그와 같다. 이 박학 방법이 탈성리학적 실학 형성에 끼친 영향은 대단했다. 그 점은 이것이 탈성리학의 단초를 열었다고 해도 지나치지 않을 정도이다. 이 책을 필두로 실학자들 사이에서 이런 성격의 서적들이 연달아 출간되었기 때문이다. 대표적인 예를 들겠다. 유형원에게서 『반계수록』이, 이익에게서 『성호사설』이, 안정복安鼎福(1712~1791)에게서 『잡동산이雜同散異』 등[3)]이 나왔다. 해서 탈성리학적 후기 실학은 백과전서 성향의 '박학으로 하나의 특색'을 이루게 되었다.

백과전서식 지식 추구는 성리학적 '학문 방법의 전환'인 만큼, '성리학에서의 이탈離脫과 거부拒否 의식의 표출'이기도 하다. 그 박학 추구의 의

---

2) 앞(각주 1)과 같음.

3) 예를 더 들면, 洪萬宗의 『旬五志』, 李義風의 『古今釋林』, 鄭東愈의 『晝永編』, 柳僖의 『物名攷』 등을 비슷한 종류의 서적으로 더 꼽을 수 있다.

의는 '현실의 전체 모습'을 다각도로 파악한 것에 다름 아니다. 다각도로 파악한 삶의 현장에 대한 진단이자, 진단을 통해 개혁설을 낳게 한 '후기 실학적 방법론의 전환'이었다. 조선 후기 다방면에 누적된 폐단에 대한 개혁설을 가져와 그 '개혁설들로 특징'을 이룬 것이 후기 실학임이 이에서부터 확인된다.

2) 본원유학적 초학 중요시

후기 실학자들이 새롭게 추구한 학문 방법으로는 박학만에 그치지 않았다. 그들이 이룬 성리학 이탈의 방법은 또 있었다. 성리학자들이 난해한 철학 이론을 초학에서부터 가르쳐 거기에 매몰되게 하던 태도를 후기 실학자들은 비판 탈각하려 했다. 후기 실학자들은 '본원유학의 학문 방법'임을 빙자하면서, 초학에게는 알기 쉬운 일상적인 것부터 가르쳐야 한다고 주장했다. 이런 '교육 방식의 전환'은 초학에서부터 '일상적인 삶에 눈뜨도록' 해야 한다는 신념의 발로였다.

이 점은 특히 박세당朴世堂(1629~1703)에게서 풍부히 발견되는 사실이다. 이는 뒷날 주희의 성리학설들을 부정하여 '성리학 자체로부터의 이탈까지' 감행한 박세당에게서 나온 '학풍 전환'의 방법이다. 이런 입장에서 그는 '탈성리학의 철학 형성'에 크게 기여한 업적 『사변록思辨錄』을 남겼다. 하지만 그 사실은 뒤 7장에서 별도로 논하므로 여기서는 이 방법론 전환만 살피겠다. 난해한 철학에 매몰된 성리학자들의 학풍을 비판한 그의 글은 아래와 같다.

> 전傳에 "반드시 가까운 곳으로부터 먼 곳을 간다"고 했다.…… 그러므로 이른바 깊은 곳은 또한 얕은 곳으로부터 들어가야 한다.…… 지금 육경六經에서 구하려는 것은 모두 얕고 가까운 곳(淺近)을 뛰어넘고서 깊고 먼 데(深遠)로 치닫는 것이며, 거칠고 추린 것(粗略)을 소홀히 여기고 정교히 갖추어진 것(精備)이나 본뜨려는 것이니 이상하지 않은가?…… 저들은 단지 깊고 먼 것과 정밀히 갖추어진 것을 얻지 못할 뿐만 아니라, 얕고 가까운 것과 거칠고 추린 것마저 잃을 것이다.[4)]

이는 박세당도 『중용』 등에 적힌 본원유학을 인용하여 성리학자들의 학풍을 비판한 사례이다. 그에 따르면, 본원유학에서는 경전 가운데서 일상적인 —얕고 가까운— 것부터 배우고서 차츰 깊고 먼 데로 나아갔다. 그럼에도 성리학자들은 자신이 심원한 철학에 탐닉함은 물론, 유학에 겨우 입문하는 '초학'에게도 육경六經의 철학설을 가르치는 풍조에 빠졌다. 이는 학문 자체의 진척을 보기에도 적합지 않는 것이다. 교육에서는 예대로 일상적인 것부터 익혀 가야 그 학습의 효과도 거두고 특히 '실생활에 대한 이해의 성과'가 나온다는 주장이다.

박세당의 이러한 주장이 후기 실학 발흥을 가져오는 데 영향을 끼쳤음은 물론이다. 후기 실학의 발흥에는 이런 '새로운 학풍 조성'을 통한 성리학에서 이탈하려던 노력 또한 작용했다. 이것이 후기 탈성리학적 실학 발흥에 얽힌, 결코 경시할 수 없는 학문사적 궤적이다.

---

4) 朴世堂, 『思辨錄』, 「序」.

3) 민생에 유용한 통치술 강조

(1) 경세치용의 중요시

일상적인 것에 관심을 갖도록 하는 학문 방법은 결국 삶의 현장인 '현실에 대한 파악'을 가져오도록 하는 데 의의가 있다. 그것은 현실의 비리와 모순을 발견하여 개선 개혁을 꾀하도록 하는 태도로 통한다. 실제로 『지봉유설』, 『반계수록』, 『성호사설』은 모두 백과전서류의 박학을 구사한 서적들이지만, 내용은 당대의 광범한 '현실 진단'이자 '현실 개혁설'로 충만한 문헌이다.

17세기 현실에 대한 '개혁설'을 가장 철저히 설계한 것은 유형원의 『반계수록』이었다. 다른 개혁설은 이 정도로 적극성을 띠지는 않았다. 개혁을 기획한 분야는 전제田制, 병제兵制, 세제稅制, 과거제科擧制, 교육제敎育制, 노비제奴婢制 및 농사법農事法 등 다 열거하기가 벅찰 정도이다. 다른 학자의 서적도 다룬 분야는 이와 비등하지만, 개혁설 내용의 철저성은 이에 미치지 못한다. 내용의 주류는 물론 도탄에 빠진 '민생을 구하는 데' 목적을 둔 것이었다.

개혁설의 담대하기로는 이에 미치지 못하지만, 개혁설의 규모와 목적을 같이한 것으로는 이익의 『성호사설』도 들어야 한다. 실학 형성에 끼친 영향도 결코 이에 못지않은 것이 이익의 개혁설이다. 더욱이 유형원의 개혁설은 다시 아래(6장)에서 별도로 상세히 살피게 된다. 여기서는 잠시 이익의 『성호사설』에 눈길을 돌리자.

이익의 개혁설이 지닌 성격에 대해서는 그를 따르던 학자들이 언급했다. 일찍이 이 책을 소중히 여기고, 책머리에 자신의 견해를 밝힌 이미李瀰와 이현일李玄逸의 글(序文)이 그것이다.

> 경세經世와 제민濟民을 밝힌 큰 글, 곧 '경제대문자經濟大文字'이고[5], '경세에 유용한 학문'(經世有用之學)이다.[6]

여기 경세經世와 경제經濟란 '정치', 곧 '치국'을 가리키는 옛 용어이다. 오늘의 의미와는 이렇게 차이가 있다. 아무튼 이 글의 요지는 아래와 같다. 이익의 치국은 '민생 구제'에 목적을 둔 만큼 이론들(개혁설)이 그 '목적에 유용'하도록 제시한 성격이라는 것이다. 이 성격을 일러 '경세유용' 곧 '경세치용經世致用'이라고 나타냈다. 이 점은 이익 자신이 적은 글, '유형원의 전기'(磻溪先生傳)로도 확인된다. 아래의 글이 그것이다.

> 국초 이래로 경세의 재목을 논할 때는 모두 선생을 으뜸이라고 일컫는다.[7]

이로 미루어 보면, 이익의 개혁설이 띤 그 경세치용은 유형원의 것을 이어 이익이 공유한 것임이 드러난다. 아울러 이런 풍조는 그대로 후기 실학의 공통된 정신이 되었다. 경세치용의 성향은 이들 두 학자에 그치지 않고 상당수의 후기 실학자의 개혁설 특성으로 굳어졌다. 실학을 논할 경

---

5) 李瀰, 『磻溪隨錄』, 「序文」.
6) 李玄逸, 증보 『磻溪隨錄』, 「序」.
7) 李瀷, 『星湖文集』, 권50, 「磻溪先生傳」.

우 경세치용이 마치 후기 실학의 주요 모토처럼 된 관념도 이런 맥락에서 생긴 것이다.

4) 이용후생의 강조

(1) 실사와 실지 중요시

탈성리학적 실학을 형성하는 데 크게 기여한 학자로는 18세기 홍대용洪大容(1731~1783)도 든다. 그는 가상의 성리학자를 '허자虛子'라 하고 탈성리학적 실학자를 '실옹實翁'이라 표현하고서, '실옹'이 '허자'를 비판 교시하는 내용의 책을 지었다. 바로 『의산문답醫山問答』이 그것이다. 그 일부만 보아도 그가 실학을 얼마나 '성리학에 대립하는 시각'으로 추구했는지 알 수 있다.

> 허자虛子는 은거하여 독서를 삼십 년 동안 하였으니, 천지의 조화와 성명性命의 은미隱微를 궁구하였다.…… 그 귀결은 곧 육경六經에 회통하면서 정주程朱를 충실히 한 것이니, 이것이 허자의 학문이다.[8)]

더할 나위 없이 '허자'의 반대가 '실옹實翁'이니, 실학은 '실옹의 학'(實翁之學)인 셈이다. 그에 있어 '실학의 정체'는 아래와 같다.

---

8) 洪大容, 『湛軒輯』, 內集, 권4, 「補遺, 醫山問答」.

우리 유가의 실학은…… 오직 실심實心 실사實事로 날마다 실지實地를 밟아야 한다. 먼저 이러한 진실된 본령이 있은 다음에야, 주경主敬과 치지致知와 수기修己와 안인安人의 방법에 쓰여도 헛된 것으로 돌아가지 않을 것이다.9)

홍대용은 수기의 방법으로 '경에 주력'(主敬)함과 '실심實心 갖추기'도 소홀히 하지 않았다. 성리학자들 못지않게 그것을 중요시했다. 하지만 성리학자들과 다른 그의 태도는 곧 '실사實事'에 입각하여 '실지實地'라고 표현한 실제적 효과를 거둠에 있다. 실사와 실지를 중요시함으로써 그 결과가 헛되지 않게 한다는 것이다. 바꿔 말해, 실효를 거두기 위해 사실에서 올바름을 찾으려는 이른바 '실사구시實事求是'10)의 태도를 취함이 성리학자들과 다른 그의 독특한 점이었다. 이처럼 실사實事와 함께 실지實地를 중요시하는 것이 그의 탈성리학적 실학자다운 태도이다.

안인의 측면으로는 성리학 풍토의 폐습들을 다룬 것이다. 그가 지적한 폐습이란 벼슬에 쏠림(科宦), 재물 탐냄, 안일 즐김(宴安)과 사장詞章, 기송記誦, 훈고訓詁에 몰두하는 풍습, 사욕 추구로 되어 가던 공리功利 풍조, 노불老佛과 육왕陸王에의 심취였다. 반대로 그가 권장하고 스스로 추구한 것은 본원유학(古學)과 정학正學이고, 특히 실학實學이었다.

---

9) 앞 책, 外集, 권1, 「答朴郎齋文藻書」.

10) 뒷날 실학의 맥을 金石學 방면으로 이은 秋史 金正喜가 「實事求是說」로 역설하였음은 널리 알려진 사실이다.

(2) 공업과 상업의 중요시

홍대용과 거의 같은 연배이고 같은 북학파에 속하여 탈성리학의 학풍을 개척하는 데 동참한 학자가 박지원朴趾源(1737~1805)이었다. 그는 '실학 개념'의 내용과 성격을 새롭고도 분명하게 지적한 학자로 알려졌다. 그는 '선비의 학문'(士之學)을 곧 실학이라고 한 다음, 그것은 실제에 있어 '사士·농農·공工·상商 네 분야의 원리'를 모두 궁구해야 한다고 주장했다. 그런 점에서 그의 탈성리학적 실학은 '사농공상 전체를 포괄'한다. 이 주장이 사실상 그가 새롭게 규정한 '실학에 대한 정의定義'였다.

> 옛날 민民이라 한 것은 네 가지이니 사士, 농農, 공工, 상(賈)입니다. 사(선비)의 업은 물론이고 농·공·상의 일도 그 시초는 성인聖人의 이목과 심사心思에서 나온 것입니다.…… 그러나 선비의 학문은 실제로 농과 공상의 이치를 아울러 포함하고 있어서, 삼자의 업은 반드시 모두 선비를 기다리고서야 이루어집니다. 이른바 농사를 밝히고, 상품을 통하게 하고, 공작에 혜택을 준다는 것이니, 밝히고 통하게 하고 혜택을 주는 자는 선비 아니고 누구이겠습니까! 신이 짐짓 생각해 보니, 후세에 농인과 공인과 상인들이 직업을 잘못함은 바로 선비에게 실학實學이 없는 허물 때문입니다.[11)]

> 역대의 사전史傳에 나타난 것은…… 혹은 옛것을 본받아 윤색하고 혹은 지혜를 개발하여 편리하도록 하는 것이니, 백성을 풍요롭게 하고 나라에도 이롭게 하는 실효(裕民益國之效)가 아닌 것이 없었습니다.……[12)]

---

11) 朴趾源, 『燕巖集』, 권4, 「課農小抄, 諸家總論後附說」.
12) 앞(각주 11)과 같음.

그에 따르면, 선비의 학문은 '도덕과 경세'를 이끌어 가는 것과 아울러 거기에 '농 · 공 · 상'의 원리까지 밝히는 것이다. 이것이 유학을 올바른 실학實學으로 만드는 요건이다. 그 이유는 역사 서적에서 밝혔듯이, 유학은 '백성의 삶을 풍요롭게 하고 나라에도 이롭게 하는 효과'—이른바 '裕民益國之效'—를 거두어야 하기 때문이다. 오직 경학만을 학문으로 여기고 예절 만능 기풍에 빠진 성리학을 그는 새롭게 사 · 농 · 공 · 상 전체를 아우르는 실학으로 개편하려던 보기 드문 학자였다. 새로 그린 그의 실학에는 이렇듯 '민생을 풍요롭게'(裕民) 해 주고 '나라에 유익하게 하려는'(益國) 소망에 차 있던 사실이 참으로 유의할 만한 '그의 실학의 특징'이었다.

당시 농업은 어쩔 수 없이 '천하의 대본大本'이라 여겼지만, 공업과 상업은 양반 지배층이 천시하며 소홀히 하던 분야였다. 그 점을 상기하면 그의 실학관實學觀은 실상 획기적이고도 파격에 해당한다. 성리학자들의 학문관에 견주면 실로 '파격적인 탈성리학적 실학관'을 제창한 학자가 바로 그였다.

박지원은 짤막한 소설도 여러 편 남겼다. 『양반전兩班傳』, 『호질虎叱』, 『허생전許生傳』, 『예덕선생전穢德先生傳』 등이 그것이다. 이것들은 한결같이 당시 양반 지배층의 부패와 무능에 대한 질타와 폭로이고, 천시하던 노동의 신성시이고, 상업의 필요성 등을 지적한 내용이다. 그 자신도 양반임을 감안할 때, 『양반전』은 양반층의 허위, 탐욕, 비행 등에 찬 모습의 폭로를 통한 자기각성 촉구의 문장이었다. 상업의 필요성을 예리한 필치로 문학화한 것이 바로 『허생전』이기도 하다. 이것들로 보아 그가 얼마나 비리와 적폐로 '정체停滯된 당시 상황'을 혁신하려 했는지가 한눈에 들어온다.

(3) 북학과 이용후생

박지원과 마찬가지로 '공업과 상업의 중요시'에 크게 각성한 학자가 박제가朴齊家(1750~1805)였다. 청나라의 학문을 '북학北學'이라 부르면서, 그것을 익힐 것을 주창한 내용의 책 『북학의北學議』를 저술한 학자이기도 하다.

북학이란 용어는 본래 『맹자』에서 처음 사용한 것이다. 중국의 한족漢族으로서 북방의 이른바 오랑캐에게서라도 배울 것이 있으면 배워야 한다는 의미로 쓰인 용어이다. 이런 용어를 박제가는 왜 사용했을까? 그 이유는 청나라가 일찍이 '병자호란丙子胡亂' 때 조선의 임금과 백성들을 짓밟은 나라였던 데 있었다. 이른바 '북벌北伐'의 대상인 원수의 나라가 청이어서 책명을 '청국학'이라 할 수 없었기 때문이다. 북학이라 해서라도, 호란으로부터 거의 1세기를 지낸 청의 선진적인 문물을 배우자는 것이 박제가의 뜻이었다.

박제가는 새로 배워야 할 품목으로 농사법의 개량, 수리 사업의 개발, 화폐의 유통, 상품시장의 확장 및 농기구를 비롯한 각종 기기의 제작 등을 들었다. 그에 따르면 북학의 목적은 어디까지나 민생의 삶을 도탑게 함(厚生)에 있었다. 그것을 구호화한 것이 바로 '이용후생利用厚生'이었다. '이용利用'은 방법이고 '후생厚生'은 목적이다. 이용의 뜻은 쓸모 있는 것으로 (공작에 의해) 다듬음(곧 공업화의 본원적 약칭)이고, 후생이란 민생의 삶을 도탑게(여유롭게, 곧 裕民) 함이다. 이를 위해 비록 한때 원수였던 청국에서라도 배움에 주저치 않은 실학자의 용기를 여기서 확인케 된다.

이렇듯 박지원, 박제가 같은 북학자들은 유교 경학뿐만 아니라 농업은 물론이고 새롭게 상업과 공업의 학습 증대를 꾀하여 마침내 후기 탈성리학적 실학을 발흥시켰다. 그 실학 발흥을 위한 시각이 어디까지나 '이용후생'임을 이들은 천명했다. 이로 해서 후기 실학에는 앞서 나온 '경세치용'에 '이용후생'의 구호가 더해졌던 것이다.

(4) 탈성리학적 실학의 대성

후기 탈성리학적 실학은 정약용에 의해 정점을 이룬 뒤 최한기崔漢綺(1803~1879)에게서 끝을 맺었다. 후기 실학은 이 두 학자의 사상으로 마감한 셈이다. 이것이 방법론에 따라 인물 중심의 흐름으로 파악한 후기 실학 형성 모습이다.

정약용은 경세치용과 이용후생의 흐름을 집대성한 실학자에 해당한다. 하지만 그는 '실학'이라는 용어를 좀처럼 사용하지 않았다. 새로운 실학에 해당하는 용어를 그는 '참된 선비의 학문' 곧 '진유의 학'(眞儒之學)이라 일컬었다. 이는 후기 탈성리학적 실학의 흐름을 따르면서도, 그 흐름을 독특하게 재출발시키려던 '독자적 창의성 발로'에 기인한 것이 아닌가 한다. 그리고 얼마큼은 '천주교天主教의 영향'을 받아 유학을 '객관화하여 성찰'할 수 있었던 그만의 독특한 사유 때문일 것이다.

아무튼 정약용 또한 성리학을 비판 배척하는 열의만은 누구에게도 뒤지지 않았다. 그 점은 당시 '유행하던 학술' 다섯 가지에 대해 논한 그의 글 「오학론五學論」으로 확인된다. 이 글에서 그는 성리학, 훈고학, 문장학, 과거학, 술수학 가운데서 성리학을 맨 앞자리에 놓고, 다른 학문들과 비교를 통해 성리학으로 인한 시대적 폐풍이 얼마나 심각했는지를 적시했다. 나아가 그는 사서四書를 비롯한 유학 경전에 대한 정주程朱의 해석들을 광범하게 비판 배척하였다.[13] 다시 말해 그 역시 경학 차원의 이론들을 다수 이룩했지만, 그것들은 모두 외견상으로는 본원유학을 표방하고 내용상으로는 반정주설로 된 것이다. 형식이야 어떻든 결국은 당시의 현실에 적합하고 실용적 시각으로 내린 그 '자신의 실학설'이었다.

> 공자의 사상(道)은 수기와 치인일 뿐이었으나 지금 학문하는 사람들이 아침저녁으로 익히고 연마하는 것은 다만, 리기사칠理氣四七의 논변과 하도낙서河圖洛書의 수數와 태극원회太極元會의 언설뿐이다. 이러한 것들이 수기에 해당하는지 치인에 해당하는지 알지 못하겠으니, 우선 한쪽에 치워두라.[14]

정약용에 따르면, 당시 성리학자들은 공자가 가르친 대로 수기와 치인을 하지 않는다. 오직 난해한 리기론에만 몰두하고 있다. 이런 것은 본원유학을 따르는 '참된 선비의 학'이 아니라는 주장이다. 참된 선비의 유학은 그 자신처럼 하는 것임을 강조한 그는 일단 수기 부분과 치인 부분을 다 아울렀다. 『중용강의中庸講義』, 『맹자요의孟子要義』 등 사서四書를 비롯한 경전들의 주해서注解書를 통해 신독愼獨(홀로를 신중히 함), 무자기毋自欺(자기를 속이지 않음), 존심存心(본마음을 보존함), 양성養性(착한 본성을 기름) 등 수기를

---

13) 그 실례가 그의 다음 서적들이다. 곧 『論語古今註』, 『孟子要義』, 『中庸自箴』, 『中庸講義』, 『大學共議』, 『大學講義』, 『周易心箋』, 『易學緒言』, 『春秋考徵』 등 經集 232권이다.

14) 丁若鏞, 『茶山全書』, 1집, 권17, 「爲盤山丁修七贈言」.

논했다. 그리고 치인으로는 이른바 '일표이서'라는 큼직한 저서들을 통해 개혁 성격의 이론을 논구했다. 그의 『목민심서』, 『흠흠신서欽欽新書』 및 『경세유표』가 그것이다. 이처럼 정약용은 수기 · 치인 양면으로 유학을 자신의 견해에 따라 매우 '새롭게 재구성'하려 진력했다.

정약용은 자신이 지향한 '참된 선비의 학문'(眞儒之學)이 갖추어야 할 요목을 아래와 같이 서술했다.

> 참된 선비의 학문은 본래 나라를 다스리고(治國), 백성을 편안케 해 주며(安民), 오랑캐를 물리치고(攘夷狄), 재용을 넉넉히 하며(裕財用), 문과 무를 다 잘할 수 있어야 하는(能文能武) 등 해당되지 않는 것이 없다.…… 후세의 유자들이 성현의 본뜻을 깨닫지 못하고, 인의仁義와 리기理氣 밖에 한 마디라도 입 밖에 내면 그것을 잡학雜學이라 일컫는다.[15]

이로 보면 정약용이 바람직하다고 여긴 유학도 사실상 성리학자들이 잡학이라 여기던 '박학博學'인 셈이다. 그리고 그 박학은 수기보다 '치국에 더 역점을 둔' 성향으로 이루어졌다. 특히 이 인용문의 내용이 그런 특징을 드러내고 있다.

이 인용문에 따라, 그의 유학 사상의 주류를 일단 '치국'에 두고 보면, 그 치국의 목적은 무엇보다도 '안민安民'에 있었다. 그리고 안민의 방법으로는 국방 강화에 의한 안보(오랑캐를 물리침—攘夷狄)가 으뜸이고, 그다음은 경제(財用)를 풍요롭게 함이다. 안보 다음으로 민간의 '후생厚生'을 그 역시

15) 앞 책, 1집, 권12, 「俗儒論」.

중요시했음을 본다. 집약해 '문무文武에 두루 유능함'이라 한 점이 주목할 대목이다.

지난날 성리학자들은 거의 모두가 좀처럼 지적하지 않던 '경제력經濟力'과 '방위력防衛力'을 필수 요목으로 지적한 이 점이야말로 그의 유학의 특징이다. 그의 경우 실학實學이란 치국(안민)에 필요한 문무 겸비이되, 특히 '경제력과 국방력의 구비'를 꾀한 것이라 판단해야 한다. 결국 이용후생의 입장에서 특히 생민의 '후생'에 '국방력의 강화까지 보충'한 것이 정약용 실학의 특징이다.

후기 실학의 끝자락에 자리한 최한기 또한 공구工具와 기기機器 제작을 지향한 '이용후생 구호'를 계승 발전시킨 학자이다. 애당초 그는 명실론名實論 사유에서 "실체가 있어서 그 이름이 있지, 실체가 없으면 이름 또한 생겨나지 않는다"고 주장하는 유명론자唯名論者였다. 그 사유로 해서 그는 경험되지 않는 '무형의 리'(無形之理)를 논하는 성리학에 대해서는 귀신설을 대하듯 불만이었다.16)

최한기의 학문의 본령이 기학氣學이었듯이, 그에 있어 학문의 대상은 유형하여 경험할 수 있고 생활에 유용성을 가진 것이어야 한다. 그의 실학은 바로 이런 사유에서 성립되었다.

> 천하의 시비是非를 통괄하고 우열優劣을 논하여 정하려면, 천하의 민생民生에 실제로 쓰이는 것과 세계(四海)의 정치에 필요한 것으로써 해야 한다. 형체가 있어서 집행할 수 있고, 사물을 처리하여 증험證驗할 수 있는

16) 崔漢綺, 『氣學』, 권1.

것이 실학實學이다.[17)]

모든 사물은 다 참되고 절실한 학문이어서, 사무事務를 버리고 학문을 구함은 공허한 학문이다.…… 사, 농, 공, 상, 장수, 병졸의 부류가 다 학문의 실제 자취이니, 그 행사와 시행을 보면 그 학문의 성패와 우열을 점칠 수 있다.[18)]

최한기에 따르면, 실학은 민생에 실용적으로 필요하면서도 그것이 실제 정치 또는 사무事務의 형식으로 '집행하고 증험할 수 있는 것'이어야 한다. 민생에 실용성이 없거나 정치 또는 사무로 집행할 수 없는 것은 실학에 들지 못한다. 이처럼 실학에 들 수 있으려면 필수적으로 갖추어야 할 요목이 있다. 그것은 바로 '사, 농, 공, 상 및 병무(將卒)'라는 것이다.

일찍이 박지원이 꼽은 실학 요목인 '사농공상士農工商'에, 정약용이 지적한 '국방國防인 병무'가 이에서 되풀이되고 있다. 이런 실학 사유에서 '문호개방에 의한 동서교역東西交易'까지 주장한 학자가 최한기다. 실학의 흐름은 이처럼 민생의 부유와 국방의 강국화를 꾀하면서 개방한 세계에로의 진취를 추구한 사상이었다. 이것이 제대로 실현되고 안 되고는 실학자들의 책임 밖에 속한 일이었음은 말할 나위 없다. 조선 망국의 원인은 이들 아닌 다른 데서 찾아야 한다.

17) 앞(각주 16)과 같음.
18) 崔漢綺, 『人政』, 권11, 「事務進學問」.

(5) 돌아본 정리정돈

이상을 종합하면, 성리학과 후기 탈성리학에서 '다 같이 실학을 자칭' 했어도, 그 둘이 사용한 '실학 의미'는 서로 같지 않았음이 명백하다. 성리학의 실학은 주로 '양반층 입장'에서 '불교를 허학'으로 간주하고 사용한 경우여서, 가정과 사회와 국가 생활을 영위케 하는 '수기치인'의 사상, 그 중에도 수기 방면인 도덕과 예를 주요 내용으로 한 것이었다. 그런 성리학적 실학은 시대가 흐를수록 실심·수기를 기초로 한 예학의 성향을 강하게 띠었다.

반면, 탈성리학적 실학은 주로 '일반 양민층良民層 입장'에서 '성리학을 허학'으로 간주하고 사용한 것이다. 해서 그 후기 실학은 수기보다 치인에 보다 더 비중을 두고 경세치용과 이용후생을 통한 '민생의 돈후'와 '국가의 부강'을 집중적으로 꾀했다. 이렇게 서로 다른 차이를 인지해야 비록 다 같이 실에 힘씀, 곧 무실務實을 바탕으로 실학임을 강조했더라도, 우리는 혼란에 빠지지 않고 분명히 변별할 수 있다.

제3편

5. 성리학의 대표적 개혁설
—이이 개혁설의 재론—

6. 후기 실학의 대표적 개혁설
—유형원의 경우—

7. 목숨과 바꾼 탈성리학적 학설

5. 성리학의 대표적 개혁설

—이이 개혁설의 재론—

1) 두 실학의 차이 더 찾기

앞에서 두 가지 실학들의 형성에 구사된 '방법론적 차이'를 살폈다. 하지만 아직도 '근본 사상적 차이'는 확연히 드러나지 않았다. 그 원인은 두 실학의 '내용의 해명'이 없었던 데 있다. 더욱이 박학과 일상적 지식의 중요시 사유는 성리학에서도 어느 정도 구사된 데도 그 원인이 있을 것이다. 그 방법들은 강약의 차이는 있어도 두 실학이 공유한 점임도 고려해야 한다. 또 '경세치용'의 구호만 해도 성리학자인 이이의 경우도 다만 명문화하지 않았을 뿐 그의 경장설更張說 자체가 경세치용 성격의 이론에 다름 아니었다.

두 실학의 상호 공유로 친다면 수기론의 측면이 가장 두드러진다. 수기론에서는 본원유학, 성리학, 탈성리학적 실학에 근본적 차이가 없다. 달리 사유한 점이라면, 수기와 치인 중 어느 쪽에 비중을 더 두었는가의 차이뿐이다. 다시 말해 성리학자들이 수기에 치인보다 더 비중을 두어

'수기 이후에 치인'이라 한 데 견주어, 박제가 같은 학자는 (이용후생에 비중을 더 두느라) '치인 이후에 수기'라 했을 뿐이다. 수기로 살피면 두 학문에 근원적 차이가 매우 적다.

이런 공유점은 후기 실학이 지닌 '성리학에서의 이탈' 의미를 흐리게 한다. 앞의 고찰로 판단하는 한, 후기 탈성리학적 실학은 성리학의 '보강補強'에 불과하다고도 할 수 있다. 보강 정도라면, 후기 실학은 성리학의 연장적 성격을 완전히 '탈피한 반성리학'이라 할 수 없다. 이런 점이 위의 고찰만으로는 두 실학을 확실하게 분별할 수 없게 한다.

문제는 '치인의 측면'에 있다. 치인 측면에 보강한 정도라 할 경우 그 '보강의 강도'가 거의 이질적 성격을 가져온 정도라야 두 학문의 차이가 확실할 것이다. 이런 의미에서 필자는 두 학문의 '개혁설에서 보이는 강도의 차이'를 살피려 한다. 그 점을 이제 두 실학의 개혁설을 대표하는 이이의 경우와 유형원의 경우로 각각 한정해 진행하겠다. 다만 이이의 개혁설을 되풀이할 필요가 꼭 있을까 하는 의문이 일 수 있다. 하지만 앞서 살핀 경우는 이런 시각으로 살피지 않아 그의 '개혁설의 강점'이 충분히 드러나지 않았다. 이것이 그의 개혁설을 재론하는 이유이다.

2) 이이 실학의 바탕 무실론

실용 · 실효 · 실리 추구의 무실務實 사유로 파악할 때 어느 시대나 만족할 만한 현실을 찾기는 어려울 것이다. 당면한 현실에는 항상 이상理想

에 미치지 못하는 부면이 있기 때문이다. 이상에 미치지 못하는 데서 '실학의 추구'는 항상 현실의 진보 발전 지향의 '개선改善과 개혁改革'의 구상이 따른다. 실학이라 할 때 으레 진보 발전 성격의 참신한 인상이 떠오르는 원인이 이에 있다. 실학과 개혁은 사실상 불가분의 관계인 셈이다. 문제는 그 개혁설에 있다.

성리학의 개혁설을 대표하는 이이의 '경장설更張說'을 되짚자. 실학을 의식한 그가 무엇보다도 먼저 '무실務實'을 강조한 이유 또한 '경장 이름의 개혁'을 누구보다도 적극 꾀한 데 있었다. 그에 따르면, 개혁에는 먼저 거쳐야 할 요건이 있다. 일정한 시대가 지닌 폐단에 대한 '개혁의 당위성 인식'이 그것이다. 이를 일러 그는 '시의時宜 파악'이라 했다.[1] 일종의 '시대 환경에 대한 진단'이다. 이이의 시의 판단으로 16세기 조선 사회는 반드시 개혁을 해야 할 시기였다. 당시는 조선 성립 후 200년을 지나 '중쇠기中衰期'로 접어들었다고 할 만큼 적폐積弊가 많았기 때문이었다. 그 점은 아래의 서술로 확인된다.

> 시대의 추세(時勢)는 일정치 않아 각기 적의함이 다르지만, 그 대요를 개관하면 창업創業과 수성守成과 경장更張 세 가지가 있을 따름이다.…… 경장해야 할 때 구법의 준수를 일삼음은 어린애가 병을 앓으면서 약 먹기를 싫어해 누워서 죽음을 기다리는 것이다.[2]

창업과 수성에 못지않게 경장更張은 해야 할 때 하지 않으면, 마치 병

1) 李珥, 『栗谷全書』, 권5, 「萬言奉事」.
2) 앞 책, 권25, 『聖學輯要』.

든 아이가 약을 거부하다가 죽음에 이르듯 망국을 당하게 될 따름이다. 망국의 불행을 면하기 위해 하는 조치가 그의 개혁이었다. 개혁에서 결코 간과해서는 안 되는 요건이 더 있다. 곧 '누구를 위한 개혁인가'라는 '개혁의 목적'이 그것이다. 바로 '백성을 편안'하게 하려는 안민安民이 그 목적이다.

> 무릇 구폐를 새로 바꿈이란 옳고 그름(是非)과 이롭고 해로움(利害)의 가늠인데, 그 핵심 목적(要義)은 백성을 편안케 함(安民)에 있을 따름입니다.…… 수많은 대책들에 사람들을 구해 주는 알맹이(實)가 없다 함은 무슨 말이겠습니까, 법이 오래되면 폐단의 해로움이 백성에게 돌아감으로 방책을 세워 폐단을 고침이 백성을 이롭게 함(利民)이어서 하는 말입니다.3)

개혁의 목적이 '안민安民'인 만큼, 개혁의 결과는 '이민利民'으로 되어야 한다. 안민과 이민이 개혁을 꾀하는 핵심적 요의이다. 따라서 백성이 나라의 근본임을 전제로 한 민본民本, 위민爲民 의지가 곧 개혁을 뒷받침하는 근본 사상이다. 위민, 민본의 시각에서 표출한 그의 구체적 개혁설은 매우 많았다. 그중에는『동호문답東湖問答』같은 서적도 있었지만, 거의 다 '상소문'으로 되었다. 이를테면「육조계六條啓」,「만언봉사」,「의진시폐소擬陳時弊疏」,「진시사소陳時事疏」등이 그러한 것이었다.

이이에 있어 개혁의 요목은 '치국의 실'(治國之實)인 '용현, 거간, 보민, 교화'를 성취함으로 집약된다. 그것이 그의 판단에 따라 시의에 맞춘 개

3) 앞 책, 권5,「萬言封事」.

혁설의 요목이다. 그의 상소문 가운데 「만언봉사」에는 명목 자체를 특히 '안민'을 벼리(綱目)로 한 다섯 가지가 기재되었다. 첫째, 성심誠心을 베풀어 모든 신하의 충정을 얻을 것; 둘째, 공안貢案을 개정해 폭염暴斂(난폭히 거두어들임)의 폐해를 없앨 것; 셋째, 절약과 검소를 중히 여겨 사치의 풍조를 고칠 것; 넷째, 선상選上 제도를 변경하여 공천公賤의 고통을 제거할 것; 다섯째, 군정軍政을 개혁해 안팎의 방비를 굳게 해야 함이다. 이 다섯 조항이 그의 위민, 민본 사상으로 지적한 구체적 개혁 내용이다. 어느 하나 백성의 편안을 꾀함 아닌 것이 없다.

3) 유학 전체의 실학화 작업

실학의 '실實' 의미는 매우 광범하다. 서두에서 실이란 주로 허虛·공空·무無와 반대되는 개념이라 밝혔다. 하지만 다시 반추해야 할 만큼 이것은 실용實用·실효實效·실리實利·실질實質·사실事實 및 유有라는 다의적 의미를 지닌 개념이다.

이 가운데서 이이는 '실용'·'실효' 의미를 가장 많이 구사했다. 이런 의미의 '실에 힘써야 한다'는 '무실務實'을 누구보다 먼저, 그리고 많이 강조했다. 무실 개념의 가장 많은 쓰임새는 주로 당시의 정치 현상에 적용하기 위한 것이었다. 그 시기의 정치가 너무 '실속 없게' 시행되었기 때문이다.

지금 우리 임금님(主上)이…… 정치를 하면서도 실공實功에 힘쓰지 않는다면, 비록 두려워함이 간절하더라도 치효治效가 마침내 아득할 것입니다.[4]

이것이 바로 당시의 정치가 공언 무효였기에 더 이상 그렇게 되지 않길 바라는 내용의 글이다. 정치를 '실효성 있도록 함'이 가장 긴요하다는 것에 그의 개혁설의 중핵이 자리했다.

하지만 개혁을 아무리 강조해도 결과는 '문란한 정치의 연속' 탓이었던지, 그의 개혁 정신은 마침내 '유학 요목 전체'에 실實의 명칭을 적용했다. 실의 개념으로 그는 유학 전체의 개조를 시도했다. 『대학』의 팔조목을 나름으로 조정한 사실이 그것이다. 서두에서 언급한 대로 팔조목 전체를 실 개념으로 파악하려 했음을 본다.

격치지실格致之實, 성의지실誠意之實, 정심지실正心之實, 수신지실修身之實, 효친지실孝親之實, 치가지실治家之實, 용현지실用賢之實, 거간지실去姦之實, 보민지실保民之實, 교화지실敎化之實.[5]

이 열 가지는 본래의 팔조목을 모형으로 한 것이다. 그 가운데 격물格物과 치지致知를 하나로 하고, 제가齊家를 효친孝親과 치가治家 둘로 하고, 치국治國을 용현用賢 · 거간去姦 · 보민保民 · 교화敎化 넷으로 확대하고, 마지막 평천하平天下를 생략했다.

이이의 이 개정 자체가 '무실務實의 관점'에서 실용 또는 실제성을 갖

4) 李珥, 권5, 「萬言封事」.
5) 앞(각주 4)과 같음.

추려는 의도로 한 조치이다. 이는 본래의 유학을 그의 무실 정신을 기준으로 '실학화實學化'한 작업인 것이다. 따라서 이이의 실학의 내용과 성격 또는 특징 등이 모두 여기에서 드러난다. 이것이 그의 실학사상이 표출한 '개혁의 총체적 범위와 깊이'라 해도 지나치지 않을 것 같다.

4) 이이 개혁설 중의 백미

유학의 팔조목에 대한 이이의 실학화야말로 '유학 전체에 대한 개혁' 의지를 담은 작업이었다. 누구도 시도하지 못한 이 작업을 근거로 할 때, 그의 개혁설에서 비중 높이 다루어진 부분은 제가와 특히 치국이었다. 치국에 그의 실학 시각으로 의도한 개혁 의지가 집중되었음이 다시금 확인된다.

이 점은 이이의 상소문들과도 일치되는 사실이다. 집중된 비중만큼 인구에 회자되는 그의 개혁설이 보민保民으로 표현한 그의 '군정軍政' 개혁설이다. 이이 별세 후 9년 만에 당한 '임진왜란壬辰倭亂'에서 '군정의 부실不實'로 인해 조선이 망국 직전의 혹독한 곤경에 빠졌었기 때문이다. 그 왜란을 재상의 입장에서 수습한 유성룡柳成龍(1542~1607)이 당시 이이의 군정 개혁설의 정확성에 대해 찬탄한 것도 이와 관련된다.

이이의 이런 치국 분야의 개혁설 가운데 특별히 그 시대를 넘어선 정도로 참신한 것은 어떤 것일까? 개혁설 중에 참신성으로 인해 오늘날의 시각으로 평가하더라도 긍정할 만한 것은 없었을까? 한마디로 해 그의 개혁설의 '백미라 할 이론'은 어떤 것인가? 필자의 견해로 그런 것은 아래와 같은 두 가지라 판단된다. 첫째, '공사천인公私賤人의 평민화' 주장, 둘째, '언로言路의 확장'을 전제로 한 '공론정치설公論政治說'이다.

이이의 '노비의 평민화'는 민권 및 인권 문제와 관련되는 근대사상에 속한 것임은 더 말할 나위 없다. 그런 점에서 그것은 전근대인 당시로는 초시대적 발상인 '선진적 탁견'이었다. 더욱이 이이의 노비 개혁은 공노비(公賤)에 그치지 않고 사노비(私賤)까지 포함했고, 아울러 '서얼차별庶孼差別 완화'와도 연결된 것이었다. 좀 장황함을 무릅쓰고 상세히 살피겠다.

> 서얼 및 공사, 천인 가운데 무예武藝가 있는 사람을 모집하여, 스스로 마른 양식(餱糧)을 준비하여 남도 북도에 가서 방비토록 하되, 북도에서는 일 년(一期)으로 기한 삼고, 남도는 20개월로 기한 삼습니다. 만일 응모자가 많아 병조兵曹에서 재능을 시험하여 파견하게 되면, 서얼에게는 벼슬길을 열어 주고, 천예賤隸에게는 양민良民이 될 수 있게 합니다.…… 재능이 없는 사람은 남도 북도에 재물을 바치게(納贖) 하되, 원근에 따라 그 다과의 수를 정해 종량從良을 허통합니다.…… 옛날 이시애李施愛의 난 때에도 천인으로 군기를 운송한 이들은 모두 종량케 했고, 서얼로 종군한 이는 과거科擧에 응할 수 있게 했습니다. 이는 이미 세조 때 권시權時가 행한 규례입니다.6)

이이는 자기의 노비 양민화 주장이 과거에도 한 차례 시행된 사례가 있었음을 부언했지만, 그것은 유명무실한 부언에 지나지 않는다. 그 사례

---

6) 李珥, 『栗谷全書』, 권7, 「陳時事疏」.

를 든 까닭은 자기주장의 뒷받침을 위한 논거, 곧 그의 주장이 불가능을 가능케 하자는 것이 아니라는 논거일 따름이다.

조선시대에 관청과 양반가에서는 노비(賤隸)를 두고 있었다. 그 노비는 장부에 기재되어 매매까지 제도적으로 보장되었다. 적자嫡子와 서자庶子의 차별 대우 또한 심하여 서자에게는 실력이 있더라도 과거에 응하지 못하도록 하여 벼슬길을 막았다. 전근대의 닫힌 사회가 당시의 여건이었다. 이이는 그 신분 차별의 장벽을 '조건부'로 일부만이라도 허물려 했다. 조건부로 주장했던 것이 '불충분한 한계'였다.

하지만 신분 차별이 비리임을 당시 누구도 깨우치고 제도상으로 개혁하려 하지 않았다. 그런 것을 그만이 깨닫고 과감히 임금에게 개혁하도록 건의했다. 조건부 개혁설로 아직 적극성을 띠진 못했지만, 그나마도 실현되지 못해 아쉬운 결과로 돌아갔다. 실현되지 못한 사실은 그 개혁설이 띤 시대를 넘어선 진취성의 방증에 다름 아니다.

이이가 시대의 벽을 넘어선 개혁설 중 또 하나로 든 '언로言路의 확장'과 그 연장선상의 '공론정치설公論政治說' 또한 유의할 만하다. 언로란 대체로 임금에게 직간直諫할 수 있는 '말길'로서, 선비들의 국정 참여 수단 중 하나였다. 정부의 행정체계로는 홍문관弘文館, 사헌부司憲府, 사간원司諫院의 직책 가운데 들었지만, 재야 선비들의 상소 또한 하나의 언로였다. 그에 따르면 누가 어떻게 이용하던지, 언로의 열리고 닫침이 나라의 흥망을 좌우하는 것이라 했다. 그만큼 언로의 개방을 그는 중요시했고 그 중요성 지적에 진력했다.

언로를 통해 전해져야 할 것은 대부분 '민중의 의사意思'이다. 언로는 대다수 민중의 의사를 대변하는 성격을 띤 것이기도 했다. 언로를 통해 임금에게까지 전달되어야 하는 이른바 '간언諫言'이 그 내용이다. 간언이란 국민을 위한 정책 시행을 위해 임금의 독재적 전횡의 시정을 띤 것이 그 특색이다. 언로의 중요시는 바로 이 점까지 포괄하여 나타내는 어휘였다. 이런 점에서 이이의 언로와 공론사상은 일단 그 의의를 지닌다.

> 언로의 열리고 닫힘에 (나라의) 흥망이 달렸습니다.[7)]

> 공론公論이란 나라의 원기元氣입니다. 공론이 조정에 있으면 그 나라는 다스려지고, 항간에 (머물러) 있으면 그 나라는 어지러워집니다. 만약 위아래 다 같이 공론이 없으면 그 나라는 망합니다.…… 어찌 공론을 못하도록 하고 잘라 내겠습니까.[8)]

> 더욱이 국시國是 정함은 구설로만 다툴 수 없는 것입니다. 인심의 다 같이 동의하는 바(人心所同然者)를 공론公論이라 하고, 공론 있는 곳(所在)을 국시라 합니다. 국시란 꾀하지 않아도 한 나라의 국민이 옳다고 동의하는 것입니다.[9)]

언로를 통해 조정에 전해져야 할 민중의 의사를 여기서는 '공론公論'이라 했다. 이이에 따르면 공론이란 '인심의 동의하는 바'(人心所同然者)이다. 이의 없이 모두 찬성하는 여론이 공론인 셈이다. 여기서 이이는 '공론의

---

7) 앞 책, 권3, 「賑彌災策箚」.
8) 앞 책, 권7, 「代白參贊疏」.
9) 앞 책, 권4, 「玉堂論乙巳僞勳箚」.

가치'를 나라의 홍망이 달렸다는 표현으로 바꾸어 자기 이론을 전개했다. 공론이 조정에까지 올라가 반영되면 나라는 홍하고, 무시되면 그 나라는 망한다고 단언하길 주저치 않았다.

그에 따르면 공론은 이의 없이 찬동하는 대다수 국민들 의사의 집합이다. 오늘날의 여론과는 이렇게 다르다. 여론 이상의 가치를 지니는 만큼, 오늘의 '헌법'에 해당하는 '국시國是' 또한 공론에 의하여 이루어진다는 것이다. 공론의 소재로 이루어진 것이 국시라고 주장한 이이였다. 이런 의미에서 그는 공론을 '나라의 으뜸가는 기운'(國之元氣)이라고도 했다.

그의 공론은 곧 한 나라 사람들이 이루는 '공화共和' 또는 '협치協治'로 통하는 성격이 아닐 수 없다. 그런 점에서 이이의 국시를 위주로 한 공론 사유는 '한 나라'를 형식상 '임금의 소유'로 여기던 당시, 실제 내용상 '국민의 것'으로 여긴 사상이다. 국가의 주권이 국민에게 있다는 사유—명문화되지는 않았지만—와 별 차이가 없다고 할 수 있다. 그는 실상 민주주의에 근접한 '민본적民本的 민주民主'사상을 지닌 선구적 학자였다는 판단이 나온다.

이 점은 그의 다음 글에서 더욱 명백히 확인된다.

> 지난날에는 간관諫官을 설치하지 않고 조정의 모든 신하가 각기 직분에 따라 규계規戒를 진술했고, 상인들은 저자(市)에서 의논하고, 행인들은 길 위(路上)에서 비평했으니, 나라 사람들이 간관 아닌 사람이 없었습니다. 그 언론이 얼마나 넓습니까![10]

10) 앞 책, 권3, 「玉堂陳時弊疏」.

이 글로 미루어, 이이의 민본사상은 특히 '언론 또는 공론의 측면'에서 민주民主와 공화共和의 특성을 띠었다는 해석이 가능하다. 해서 필자는 이를 그 시대를 뛰어넘은 그의 '개혁사상 중 백미白眉'에 해당한다고 평가한다. 이것이야말로 무실 정신에 기초한 그의 치국설의 극치가 아닐 수 없다. 이이의 실학적實學的 치국설治國說은 이에서 정점을 이루었다고 할 수 있다.

6. 후기 실학의 대표적 개혁설

—유형원의 경우—

1) 17세기 상황

거듭 밝히지만, 17세기 조선 사회는 헤어나기 어려울 만큼 심각한 상태에 빠졌다. 전정의 문란으로 국초부터 실시하던 공전제公田制가 이 무렵 거의 다 붕괴되었다. 국토의 대부분이 특권층인 왕족, 양반관료, 토호, 부상의 소유로 되었다. 특권층의 토지 은결隱結, 수령들의 사은私隱, 서원배書員輩의 투탈偸脫이 공전 사유화의 주된 원인이었다. 공전의 소멸은 자영농의 감소에 다름 아니었다. 이미 15세기 중기에 '3할에 가까운 양민'이 자영농 아닌 소작농이었다. 16세기 이후엔 '자영농의 농토는 거의 전무'해져 농민들은 사실상 농노 상태였다. 전정田政의 실패를 짐작하고도 남을 만했다. 그런 터에 임진왜란(1592~1598), 병자호란(1636~1637)을 거친 17세기는 더 말할 나위가 없었다.

환곡의 시행도 문란하기 짝이 없었다. 대동법大同法과 사창제社倉制가 있었지만, 그 시행에 '이속吏屬의 농간'이 극심했다. 이속들은 환곡의 '질과 양의 측정'에서 무원칙의 작태로 양민 착취를 일삼았다. 중간 대납을 이용한 '관리와 상인의 간계'가 양민을 이중 삼중으로 괴롭혔다. 거기에 '납세와 부역'과 '공물貢物' 등도 원칙 없이 수령의 재량에 따라 마구 자행되어 양민을 곤궁과 피폐로 몰아갔다.

군정의 극심한 문란 또한 양민을 괴롭힌 요인이었다. 병역에 대한 행정은 엉망이었다는 표현 그대로였다. 병부兵簿 자체가 허위문서로서 어린이, 노인, 심지어 죽은 이나 도망간 사람 등의 허명虛名마저 적지 않았다. 수령에 의한 병역 차출이 무원칙했고, 포布로 대납하려 해도 적법하게 되지 않았다. 양민에게 가장 곤혹스러웠던 것은 시달림에 못 이겨 '도망간 이의 몫'을 이웃과 친척이 감당케 한 '인족법제隣族法制'였다. 이것이 마을을 마침내 텅 비게 한 원인이었다. 이래저래 양민은 견디어 낼 수 없는 나락에 떨어져, 생존을 이어 갈 수 없던 상황이었다. 이와 같은 비리 부정으로 인한 '적폐'가 마침내 후기 탈성리학적 실학자들의 개혁설을 내게 한 원인이었다.

2) 『반계수록』의 저술

후기 탈성리학적 실학자 가운데 유형원 외에도 개혁설을 낸 학자들이 있었다. 이익과 정약용이 특히 그러한 학자로 꼽힌다. 이익의 『성호사설』, 정약용의 이른바 '일표이서一表二書'[1]가 그 방증이다. 하지만 이들은 다 유

---

1) 『經世遺表』, 『牧民心書』, 『欽欽新書』를 가리킴.

형원 뒤에 나온 학자들이고, 그 개혁설 또한 유형원의 『반계수록』 정도로 철저하지 못했다. 지금 유형원의 개혁설을 후기 실학의 개혁설 중 대표 사례로 살피는 이유가 이에 있다.

잠시 유형원 자신에 대해 알아보자. 시대 환경의 영향으로 그도 초학은 성리학으로 출발했다. 그가 남긴 다음 저서들이 이를 입증한다. 『리기총론理氣總論』, 『주자찬요朱子纂要』, 『경설문답經說問答』, 『논학물리論學物理』 등[2]은 성리학의 기본 지식을 섭렵하고야 가능한 수준의 서적이다. 이로 미루면 그가 성리학을 전문적으로 닦지는 않았어도 개략 차원에서 두루 파악했다는 판단이 나온다.

유형원의 「전기」[3]에 따르면, 그의 학문은 '박학의 특색'을 띠었다. 역사, 지리, 언어, 병법, 음양, 율려, 천문, 의약, 복서에 걸친 해박이었다. 하지만 박학에만 머물지 않은 그였다. 한때(33세)는 진사 시험에 나아가 합격했다. 진사는 그에 있어 '양반의 체면' 성격을 넘지 않는 것이었다. 그 이상 벼슬로 이어진 출세의 길을 전혀 추구하지 않았다. 그는 과거(大科)를 외면한 채 평생 학문만 하면서 '재야의 학자'로 청빈한 일생을 보낸 희귀한 학자였다.

그런 학문 생활 속에서 성리학과는 전혀 다른 실사회의 병폐를 바로잡는 '개혁설'을 모색했다. 병든 나라를 구하는 데 심혈을 바친 애국자였다. 그 구국으로 향한 사색의 결실이 다름 아닌 『반계수록』이다. 그것은 19년의 세월에 걸쳐 이룬 '26권에 「보유편」까지 첨가'한 보기 드문 대작이

2) 柳馨遠, 『磻溪隨錄』(경인문화사, 1974), 補遺, 「磻溪柳先生傳」, 601쪽.
3) 앞(각주 2)과 같음.

다. 책 내용의 방만함과 다양함은 그 차례로 알 수 있다. 적폐의 첫손으로 꼽아온 전제田制, 병제兵制를 비롯하여, 교선敎選, 임관任官, 직관職官, 녹봉祿俸, 속편續編, 보유補遺가 그것이다. 백과전서류의 박학을 바탕으로 조선의 법제를 거의 망라했다. 여기에서는 이 내용 전체를 다 살피지 않고 필자의 주견에 따라 '필요한 부분'이라고 여겨지는 것들만 짚겠다.

3) 토지제 개혁설

토지의 국유화인 공전제公田制를 유명무실하게 하던 17세기 토지 사유화는 대개 세습까지 되었다. 그에 따라 자영농민의 수는 대폭 축소되어, 농민들 대부분이 농노에 견줄 소작인小作人으로 되었다. 불합리한 현상은 더 있었다. 토지 파악의 기준이 농토 면적의 크기에 있지 않고, 징수할 과세를 목적으로 정한 '결부법結負法'이었다. 그로 인해 장부의 기록은 그 크기나 실제 수확과 맞질 않았다. 이 또한 토지의 크기와 질을 두고 부정과 협잡이 일어나는 원인이었다. 더욱이 왕실의 토지는 물론, 왕족과 사족士族들마저 면세의 특권을 누려 지주들은 놀고먹는 상태였다.

이 같은 폐단들을 간파한 유형원은 개혁책으로 먼저 '토지의 국유화'에 다시 초점을 맞추었다. 토지의 '재분배'와 아울러 그 특권적 세습도 타파토록 했다. 토지의 경작권을 분배받은 사람의 생존 기간에 한정하고 그 사후에는 국가에 반환토록 구상했다. 이는 뒤에 밝힐 노비제 개혁과도 관련된 구상이었다.[4] 또 그때까지 시행하던 '결부법을 폐지'하고, 크기를 단위로 한 '경묘법頃畝法의 사용'을 주장했다.

토지개혁의 핵심인 재분배는 유학 본래의 '정전법井田法'을 이상형으로 삼았다. 그의 구상에 따르면, 국민 전체가 각각 적합한 분량의 토지를 받아 경작하는 일종의 균전 정신을 살리는 것이다.[5] 국유화의 '공전제'를 앞세운 '균전설均田說'이 곧 그의 토지제 개혁의 핵심이었다.

유형원의 '토지 재분배설'의 내용은 매우 상세히 구상되었다. 농부 한 사람에게 100묘(40여 두락)—이를 1頃으로 정함—의 지급을 원칙으로 한다. 농부로는 양인良人을 비롯하여 '노비에 이르기까지' 모든 신분을 다 포함한다. 상공인에게도 지급하되, 일반 농부 몫의 반인 50묘를 배당한다. 현직 관료들과 지방관아의 이서吏胥, 복예僕隷, 서리書吏에게도 일정량의 토지를 지급한다.[6] 왕실의 세자, (중자), 대군大君, 군君, 공주, 옹주들에게는 적서를 가리지 않고 다 12경을 배당한다. 읍학邑學과 사학四學을 비롯한 교육기관[7]과 학생들에게도 일정량의 토지를 지급토록 했다.

유형원의 이 구상에서 '특별한 점'은 상공인商工人들에게 농지를 지급함과 특히 천인賤人인 이방의 '이예吏隷와 노비들'에게까지 지급한다는 것이다. 이야말로 당시로는 누구도 상상 못한 획기적 계획이었다. 이는 토지분배에서 보인 '균평정신均平精神'의 구현으로 그의 토지개혁설의 특징이다.

---

4) 柳馨遠『磻溪隨錄』, 권1, 2, 「田制」 및 補遺, 권1, 「郡縣制」.
5) 앞 책, 권2, 「田制」, 46쪽.
6) 현직 관료로서 9품~7품까지는 6경, 그 이상은 최고 12경까지, 그리고 이서, 복예, 서리 등에게는 반경(50묘)을 지급한다.
7) 유형원의 교육기관 개편안은 아래(5절)에 나온다.

4) 조세 개혁설

17~18세기 농민을 괴롭힌 것에는 다양한 조세(租庸調)의 징수와 수시로 행하는 부역賦役이 있었다. 이것들이 농민 곧 양민에 대한 집권층의 갈취 수단으로, 이를 빙자한 각종 형태의 부정행위가 헤아릴 수 없이 많았다. 결부제結負制의 부정한 집행과 상납을 빙자한 공물貢物—雜徵—의 집행에 끼어든 중간 농간이 극심했다. 심지어 '공인貢人'이라는 공납 청부인까지 생겨 공물의 품질과 대납을 핑계로 양민 착취를 일삼았다. 문란해진 군역(병역)의 집행에 있어서는 군역 아닌 잡역, 그것도 수령과 사족士族 및 지주를 위한 잡역마저 당연한 듯이 자행되었다. 노비들이 당하던 신역身役의 고통은 따로 살펴야 할 정도로 심각했다.[8)]

유형원은 토지제 개혁을 논하던 자리에서 '면세전免稅田의 폐지'를 주장하고, '조세를 농지세農地稅에 통합'시키려 했다. 그에 따르면, 농지세는 수확고의 실적에 따라 '토지를 9등급'으로 나누고, 풍흉을 3가지(上年 · 中年 · 下年)로 나누어 시행한다는 것이다. 이런 조건에서 토지세(田稅)는 '수확량의 20분의 1'로 했다. 잡징은 일절 금한다면서,[9)] 부역 또한 금지토록 했다. 더욱이 노비가 당하던 신역身役이 가장 처참했는데, 그에 있어 노비제 자체가 폐지해야 할 것으로 기획된 만큼 아래(7절)에서 따로 살피겠다.

이 시기 '군역軍役'은 앞에서 지적했듯이, 비리 만연의 극치에 이른 상태였다. 그중에도 군역을 납포納布로 대신하던 것이 가장 큰 폐해를 자아

---

8) 다음 7절에서 다룬다.

9) 千寬宇, 「반계 유형원 연구」 상, 『역사학보』 2집(1952) 참조.

냈다. 군역 외에 다른 잡역으로 신역이 중첩되던 것도 큰 폐단이었다. 유형원은 이런 것들의 시정을 위한 개혁을 제안했다. 특히 군역을 대신하던 '대포제代布制 폐지'와 '잡역들의 중첩 금지'를 주장했다. 그 밖에 군軍 자체의 '부대 편성의 정비'와 '군병의 훈련'에 철저할 것을 역설했다.[10] 천인들로 구성하던 '동오군東伍軍 편성' 또한 폐지해야 할 대상으로 꼽았다.[11] 이 모두가 조세와 부역으로 말미암아 당하던 '양민들의 고통을 제거'하려던 데에 초점이 두어진 그의 개혁설의 특징이다.

5) 교육제도의 개혁

앞서 지적한 폐단들은 대부분 관료들의 부패에 기인했지만, 원천적으로는 행정제도의 미비에 기인한 것이기도 했다. 예로, 말단 관료에 해당하던 이서吏胥들을 '무보수'로 일하게 한 것이다. 양민을 직접 접촉하는 이들에 대한 무보수 조치는 비행을 권장한 것이나 다름없었다. 실제로 양민을 가장 괴롭힌 것도 이들의 부정행위였다. 당시 유형원의 개혁 요목에는 이런 관료제의 제도적 미비가 간과될 수 없었다.

유형원은 관료제와 관료를 양성하던 교육제부터 혁신할 방책을 강구했다. 당시 교육기구란 서울에 초학 단계의 사학四學(學堂)과 최고 단계의

---

10) 예를 들면, 서울 밖의 衛前의 종류를 3종으로 하고, 吏曹 소속으로 해야 함을 구상했다.

11) 앞(각주 9) 천관우 논문 참조.

태학太學이 있었고, 지방에는 초학인 향교鄕校가 있었다. 그 밖에 개인(訓長)의 서당과 서원이 16세기 이후부터 갈수록 번창했다. 교육기구는 대부분 양반들의 관료 진출, 이른바 출세를 위한 것이었다. 관료로 되는 길은 사학과 태학 등에서 치르던 생원시生員試, 진사시進士試, 향시鄕試 등을 거쳐, 대과인 '과거시험'의 합격이 정규 코스였다. 이 밖에 학행의 뛰어남을 조건으로 '추천'을 받아 관료로 되는 길과 국가에 대한 조상의 뛰어난 공훈에 따라 주어지는 음서蔭敍가 있었다.

음서의 시행은 일정한 규정이 없었던 탓에 남용되었다. 그것은 기존 양반층의 권력 유지와 그 확장에 이용된 사례가 적지 않았다. 과거시험 또한 행정과 직접 관련되지 않던 '문학'(詞章)과 '경학經學'에 관한 시험이 고작이었다. 따라서 과거마저 '실무에 유능한 관리' 채용에는 적합하지 않은 약점을 안고 있었다. 더욱이 이 무렵부터는 갈수록 과거에 '부정不正'이 많아져 공정성을 잃은 폐해가 늘었다. 이런 점들이 다 개혁을 기다리던 시대적 폐단이었다.

유형원은 음서제는 물론이고 과거제마저 아예 폐지하고, 새로운 교육제도와 그 제도의 연장선에서 관리 임용 방안을 강구했다. 그에 따르면, 먼저 관리의 양성과 무관한 '교양교육 위주의 기구'와 '관리 양성을 목적으로 한 기관'을 각기 따로 설치한다. 지방에 면 단위로 세우는 새로운 '향상鄕庠'과 서울에 방坊 단위로 새롭게 세우는 '방상坊庠'이 교양교육을 주로 할 학교이다.

이와 별도로 관리 양성을 목적으로 한 학교의 설치는 아래와 같다. 지방[12]에 세우는 1차 학교인 읍학邑學과 2차 학교인 영학營學, 서울에 세우는 1차 학교인 사학四學과 2차 학교인 중학中學, 최상급의 태학太學이 그것이다.[13] 그 관리 양성을 목적으로 한 교육기관에 입학한 학생에 대해서는 아래와 같은 부가 조치도 있었다. 읍학과 사학의 학생들—선비 곧 '士'라 일컫는 준관리—에게는 특별한 대우가 따른다. 우선 그들의 교육은 '전액 국비'로 충당한다. 또 그들에게는 농토를 농민의 2~4배인 2~4경을 지급하고, 군역도 면제해 준다. 그들 학교의 비용은 공량公糧으로 지급한다. 학전을 주고, 그들을 가르치는 교수에게 주는 봉급을 지방 재정으로 충당한다. 각급 학생들은 정원수를 할당하는데, 그것은 토지와 비례케 한다는 등이다. 여기서 주목할 만한 새로운 정책은 교양 교육을 관리양성 교육과 별개로 설치함이다. 그리고 관리양성 교육기관의 유지를 국비와 공량으로 한다는 것이다.

6) 관리임용제 개혁설

선비로 불리는 학생들은 학업 진도에 따라 관리로 임용되는데, 거기에는 거쳐야 할 과정이 있었다. 1차 학교인 읍학과 사학에 들면, 거기서 시험에 의한 선발로 2차 학교인 영학 또는 중학으로 진학한다. 2차 학교에서는 시험에 의해 태학으로 진학한다. 여기서 수업 받은 뒤 또 선발을 거쳐, 특별히 마련된 '진사원進士院'에 들어가 실습을 마치면, 비로소 관직

12) 여기서 지방이란 都護府, 府, 郡, 縣을 가리킨다.
13) 鄭求福, 「磻溪 柳馨遠의 社會改革思想」, 『역사학보』 45집(1970) 참조.

을 받아 관리로 된다. 이 외에 별도의 관리임용 방법은 필요치 않다는 것이 유형원의 견해였다. 관리임용이 오직 '실력(성적)에 따른 엄정한 선발'로 이루어지도록 한 데 그의 관리임용 개혁설의 특징이 있다.

여기서 유념해야 할 것은 읍학과 사학의 '입학 자격'이다. 그것은 일부가 제외된 것 말고는 '대부분의 양민'에게 개방된 것이다. 15세 이상의 대부大夫와 선비(士)의 자제 및 양민 자제를 포함한 모든 재능 소유자, 곧 "범민준수자凡民俊秀者"가 다 자격자이다. 이에는 사족士族, 서족庶族, 서얼庶孼, 양민良民의 차별이 없다.

차별이라면, 상공인商工人, 시정인市井人의 아들과 무격巫覡, 잡류雜類 및 공사천인公私賤人의 아들이 제외된 점이다.[14] 이는 그의 개혁안의 한계가 아닐 수 없다. 교양교육 기구를 따로 설립하도록 한 것은 이렇게 관리로 될 자격에서 배제된 이들의 교육 때문이었던 듯하다. 그렇더라도 개혁책의 한계임에는 틀림없다.

하지만 과거 응시에서 배제되던 '서족·서얼'과 '양민'을 관리가 될 후보에 넣은 것만도 당시로는 '파격적인 혁신'이다. 그 점에서 그의 교육제도 개혁설과 관리임용제 개혁설은 양민을 포함한 범위에서 오직 '재질과 능력'을 기준으로 한 점도 혁신적인 조치이다. 당시로서는 이만으로도 과감하게 '열린사회'를 지향한 획기적인 사상의 표출이라 해야 한다.

14) 노비의 아들은 노비제 폐지, 곧 양민화가 고려되었을 것이다.

7) 노비제 폐지설

고대부터 있던 노비(남[奴], 여[婢])는 조선시대에도 제도화된 형식으로 존속했다. 노비는 같은 국민임에도 공민권公民權이 부여되지 않은 이들이다. 이들은 공공기관에 속한 공노公奴와 민간 개인에 속한 사노私奴로 분류되었다. 어느 경우이건 이들만의 명부名簿가 만들어져, 그들의 소속에 속박된 채 짐승처럼 사역使役에만 종사해야 했다. 사노의 경우엔 일정한 금액으로 '매매'되고, 제도상 그들 자녀마저 노비 신분을 유지해야 했다. 민권은 고사하고 인권人權을 송두리째 잃고 온갖 고통에 신음하던 말단 계층의 사람들이 이들이었다.

유형원은 노비제의 부당성을 누구보다도 철저히 깨닫고, 그 제도의 폐지를 앞장서 강구했다. 그가 지적한 노비제의 부당성은 대체로 다음과 같다.

> 인간은 누구나 하늘로 인해 태어난 '천민天民'으로 서로 같다.[15]

> 모든 사람이 동류同類이다.[16]

동류인 이상 존귀하기도 누구나 마찬가지다. 그런 만큼 누가(주인) 누구(노비)를 재물로 여겨 팔고 사는 것은 있을 수 없는 제도다. 유형원에 따르면, 옛날에도 재물을 물으면 말(馬)의 수로 대답했지 노비 수로 대답

15) 柳馨遠, 『磻溪隨錄』, 권21, 「兵制」, 409쪽.
16) 앞 책, 권26, 속편 하, 「奴隸」, 509쪽.

하지 않았다. 비록 천자天子이거나 제후諸侯라도 사람을 재물로 여기지 않았다. 이 대목에서 유형원은 확언한다.

지금 노비에 대한 대우는 '인간의 도리'(人道)가 아니다.[17]

이처럼 그는 '인도주의人道主義의 시각'에서 노비제의 부당함을 지적했다. 유형원은 노비 한 명을 놓고 10년 넘게 소송을 하면서도 해결을 보지 못해 결국 행정력만 낭비함도 노비제의 폐단이라면서 그 제도 폐지의 당위성을 강조했다. 더욱이 그 시대 '노비의 군역 제외' 제도야말로 '병력의 약화' 원인임을 들어 그는 노비제 폐지 주장을 보강했다.[18] 국력의 시각으로도 노비제 폐지의 당위를 논한 견해 또한 처음 보는 것이다.

그의 주장은 또 다른 시각으로도 계속되었다. 설혹 죄가 있어 그 벌로 노비를 삼았다 해도, 아무 죄 없는 '그들의 자녀'까지 노비로 삼는 '그 세습제'는 더 불합리한 것임을 역설했다.[19] 따라서 세습제만이라도 폐지해야 마땅하다는 것이다.[20] 이 대목에서 그는 노비의 세습 가운데 비록 아비가 노비더라도 어미가 양가의 여자라면 노비로 삼지 않는 '종모법從母法'의 시행을 제시했다.[21] 그 시대는 어버이 가운데 어느 하나만 노비면 그 자녀는 으레 노비로 삼는 '종부법從父法'을 시행했다. 유형원은 종부법으로

---

17) 앞(각주 16)과 같음.
18) 앞 책, 같은 항목, 509쪽.
19) 앞 책, 권21, 「兵制」, 409쪽.
20) 앞 책, 권26, 속편 하, 「奴隷」, 507쪽.
21) 앞 책, 같은 항목, 506쪽.

인한 노비의 증가를 저지할 방책이라도 실시하길 바랐다. 이는 노비 철폐의 차선책으로 일종의 '점진적 폐지책'에 해당하는 셈이다.

그는 노비 수의 감축을 위해 종모법 이외에 관역官役에 종사하는 '공천公賤을 하나의 관리'로 취급하여, 그들에게 일꾼을 고용해 농사를 지을 만큼의 '급료給料'를 줄 것도 고안했다.[22] 공사 노비로 이루어진 동오군東伍軍 안에서 시험을 보아 우수한 이는 양민으로 해 주는 조치(免賤)도 강구했다.[23] 이런 조치는 노비에게 '신분 상승'의 길을 튼 점에서 큰 의의를 지닌다. 어느 정도의 '신분이동身分移動'이 가능한 사회를 그린 유형원이다.

8) 개혁설의 체제 해체적 특징

이상은 유형원이 제기한 개혁설의 개략적 내용이다. 그 개혁설의 전체적 특징을 정리해야겠다. 토지제(田制)의 개혁에서 그는 유명무실해진 공전제公田制를 정비하면서 '일부일경一夫一頃의 원칙'을 적용했다. 농민을 비롯해, 상공인, 지방관아의 복예와 노비들에게도 모두 분배해 줄 것을 구상했다. 그 개혁안은 어느 직종이나 신분을 막론하고 '최소한의 생계유지'만은 가능케 해야 한다는 것이었다. 필자의 견해로, 이 대목에서 그의 '신분 차별 배제인 평등 사유'가 드러난다. 다만 여권女權까지 포함하지 못한 점은 그의 사상의 한계지만, 당시에 그 정도까지 요구함은 무리였다.

---

22) 앞 책, 권15, 「官職之制」 상, 312쪽.
23) 앞 책, 권26, 속편 하, 「奴隸」, 506쪽.

전제개혁에서 드러난 평등 사유는 인간에 대한 일종의 '천부적天賦的 인권의식人權意識의 발로'에 해당한다. 만약 그런 의식이 없었다면, 이런 개혁설은 결코 나올 수 없다. 천부적 인권의식은 유형원의 경우 특히 "노비 또한 하늘이 내린 사람, 곧 천민天民이라"고 명문화한 데서 더욱 명백히 확인된다. 이 점이 바로 유의해야 할 '그의 특출한 사상'이다.

노비제奴婢制 폐지설이야말로 신분 차별 배제설의 극점에 자리한 사상이다. 이런 이론은 어느 나라에서나 발견되는 주장이 아니다. 발의한 시기가 17세기였음을 감안할 때 이는 매우 '선진적인 사상'(先進思想)에 속한다. 당시로는 노비제 철폐 주장은 조선 사회의 계층 구조를 근본에서 뒤엎는 사유로 어느 분야의 개혁설보다 가장 가치 있는 개혁설이었다. 이것이 실현되려면 조선 사회의 제도적 구조를 연쇄적으로 개편해야 할 정도로 이는 '혁명 성격의 참신하고도 획기적인 발상'이었다.

유형원이 사학四學과 읍학邑學의 '입학 자격'을 양반 자제에 국한하지 않고, 서자·서얼 및 양민의 자제 중 '범민준수자凡民俊秀者'라 한 조건 역시 위와 같은 가치를 지닌 사상이다. 이 발상에는 특히 '능력본위能力本位'를 전제로 한 점에 더하여, 당시 양반본위兩班本位의 사회질서를 깨뜨린 특징이 깃들었다. 오히려 '양민본위良民本位'로 이행하는 발상이 이에 잠재한 것이다.

노비제 폐지와 아울러, 교육제 개혁설도 '사회와 국가 체제體制의 전반적 개편'을 지향한 점에서 '혁명적 개혁설'이다. 유형원의 혁신적 개혁설이 이상적이었음에도 당시 실제로 실현되지 못한 데는 이런 '체제 해체적 성격' 때문이었다고 판단된다. 정치 사회의 '체제 해체와 개편' 의지 없이는 실현할 수 없는 구상이었다.

뒷날 이익이 (앞의) 이이의 개혁설을 평하던 자리에서 이이의 개혁설과 달리 유형원의 개혁설은 실현될 수 없던 것이라고 했다. 그의 발언은 바로 이런 특징을 감안해 한 것이라 추측된다. 이이의 경장설은 포용 또는 실현 가능한 정도였지만, 유형원의 개혁설은 당시로는 결코 실현될 수 없던 이론이었다. 하지만 이는 뒷날 18~19세기의 학계, 곧 후기 탈성리학적 실학계에 크나큰 영향을 끼쳤다. 조선사에서 그 시대를 넘어선 정도로 앞장서 이끈 '초시대적 사상'이라는 가치를 지닌 사상이었다.

9) 두 실학 개혁설의 차이

이쯤에서 필자는 개혁설 고찰의 매듭을 지으려 한다. 성리학적 실학과 탈성리학적 실학의 차이는 이제 대부분 드러났다. 이이의 사유를 통해 드러난 성리학적 실학의 개혁설은 전제田制, 군제軍制, 환곡還穀 등의 구체적 시행에 따른 폐단들의 시정에 그쳤다. 그 시정책으로 제시된 것은 임금의 사치 낭비를 교정한 근검절약 등을 비롯하여, 수령과 아전들의 사욕을 벗어난 위민정신의 고취로 요약된다. 구체적 '정책 집행'에서 등장한 '부정不正과 비리非理에 대한 척결안剔抉案'이 그 개혁설의 요체이자 특징이었다.

유형원의 탈성리학적 실학의 개혁설은 그 정도가 아니었다. 적폐를 일으키는 '제도 전체'의 해체와 개편인 '혁명적 수정'으로 설계된 점에 특징이 있었다. 그 개혁안은 사회와 국가 전체의 제도와 체제까지 해체하고 개편해야 할 성격임에 틀림없다. 이이의 것이 기성 체제하에서 계획된 '보완적 개선改善'인 데 견주어, 유형원의 것은 '혁명적革命的 혁신革新'에 해당하는 특징이다.

이이 개혁설의 백미라고 지적한 측면으로 보아도 이런 특징은 마찬가지다. 첫째 이이의 노비제 개혁책은 '조건부로 제기'되어 부분적으로 시행될 성격인 데다가, 이시애李施愛의 난亂 때 시행한 사례라는 '전례의 존유'를 바탕으로 삼은 발상이었다. 하지만 유형원의 노비제 개혁안은 관노와 사노 가림 없이 전체적으로 적용되는 데다가, 거기에는 '천인동류론天人同類論'의 근거론까지 곁들인 것이다. 개혁설에 있어 합리적인 논거를 결여한 것과 그런 논거를 갖춘 것과는 '상호 이질적이라' 할 만한 차이이다.

둘째 이이는 언로의 확장을 공론설로 연결시켜 강력하게 주장했다. 훌륭한 주장임에 틀림없었다. 하지만 한 가지 고려해야 할 것은 그 언로 확장의 성과가 당시로는 일정한 비리 교정을 위한 '간언諫言 효과' 정도(상소)에 그쳤다는 점이다. 따라서 그 주장 자체는 대단한 가치를 지니지만, 협소한 효과를 거두는 데 그칠 성격이었다. 또 이이의 공론정치설은 노비 같은 천인들의 의사를 사실상 제외한 발상이다. 국민의 70% 가까이가 천인 신분이었던 터에 그들의 의사를 제외한 공론은 거의 무의미에 가깝다. 따라서 그 발상 또한 유형원의 개혁설과 견주면 개선책 차원의 한계가 분명해진다.

이상의 고찰로 작은 결론이 도출될 수 있겠다. 곧 성리학과 후기 실학의 차이는 결코 '동질의 연장적 성격'이라 할 수 없다. 그것은 '이질적 성격'이라 할 정도로 격심한 차이가 나는 현상임에 틀림없다. 따라서 '실학'이라는 용어 하나에 매여 둘을 혼동해서는 안 된다는 것이 필자의 판단이다.

7. 목숨과 바꾼 탈성리학적 학설

1) 시대사조 변환의 단초

(1) 개혁설 제기의 함의

후기 실학의 개혁설은 유형원에서 나온 데 그치지 않았다. 유형원의 개혁설은 제일 먼저 제기된 데다가 가장 격심하게 구상되었다는 점에서 대표적 가치를 지녔다. 뒤이어 이익에서 또 다방면에 걸친 제도개혁의 『성호사설』이 나오고, 연달아 정약용의 『경세유표』와 『목민심서』 등이 나왔다. 17~18세기는 이처럼 당대의 대표적 지성들이 개혁을 필수적 요건으로 주장한 점에서 '개혁 정신'은 하나의 시대정신처럼 된 시기였다.

개혁을 다방면으로 주장했음은 그만큼 '삶의 방식에 대한 개편의식'이 높았음을 가리킨다. 그것은 곧 전반적인 생활 태도의 전환의식轉換意識에 다름 아니다. 생활을 이끄는 지성이 곧 사상임을 감안하면, 이는 일정한 '사상 전환의 태동'이라 읽힌다. 연달은 개혁설의 의의는 통치사상이던 '성리학에 대한 도전' 또는 '그로부터의 이탈'에 다름 아니다.

통치사상에 대한 도전은 '정치적 반향'을 일으키게 마련이었다. 순수한 사상적 이론임을 애써 강조한들, 그로부터의 이탈을 기존 집권층에서 용인할 리가 없다. 사상계는 '불화, 곧 알력'을 겪게 되었다. 이는 후기 '탈성리학의 발흥'에서 나온 부작용 바로 그것이었다. 성리학에 도전했다는 이유로 기성 집권층으로부터 '죄인 취급'의 고통을 면하지 못한 '선구적 사상가'들이 출현했다. 아래의 두 인물이 그런 학자들이다.

(2) 탈성리학의 선구자=1

17~18세기 성리학의 권위는 절대적이라 할 정도로 높았다. 그런 배경에는 통치사상에 깃든 철학의 우수성 신념도 있었다. 그런 성리학의 집성자인 주희(朱子로 더 불렸음)의 이론은 한 학설에 그치지 않고 종교적 신앙의 대상처럼 되었다. 누구라도 만일 그것을 부정하는 경우에는 '사문난적斯文亂賊'이라는 지탄을 면할 수 없었다.

하지만 완전무결한 철학설이란 있을 수 없지 않은가? 민생이 도탄에 빠진 여건을 당면한 유학자들은 그 원인을 제도의 불비나 집권층의 무능 외에 통치사상에서도 찾으려 했다. 그 권위의 절대시 사유가 되레 '의혹의 사유'로 변한 것이다. 의혹은 결국 주희의 이론(朱子學)으로 향했다. 그 성리학설에 대한 '비판적 검토'와 '부정설否定說'이 나오게 되었다. 그 비판과 부정설을 낸 첫 학자가 윤휴尹鑴(1617~1680)였다.

문제의 중요성을 감안하여 잠시나마 그의 생애를 학문 시각에서 살핀 다음, 그의 반성리학적 태도의 실상을 살피자. 그는 양반 가문의 출신이

지만,[1] 가정환경은 다복한 편이 아니었다. 두 돌도 못 되어 부친을 여의고 편모슬하에서 자랐다. 학문도 독학에 가깝게 뚜렷한 스승 없이 익혔다. 하지만 재능이 뛰어나 10대에 벌써 기본 경전(四書三經 등)의 지식을 두루 갖추었다. 19세 때(1635, 인조 13)에는 우연히 10년 연상이자 뒷날 정계를 주름잡은 송시열宋時烈을 만나 3일 동안 토론한 적이 있었다. 그 송시열이 뒷날 "30년간의 나의 독서가 참으로 가소롭다"고 한 일화는 윤휴의 재능과 학식의 출중함을 짐작하게 한다.

남 못지않게 학식을 지닌 그였으나 벼슬길에는 선뜻 나서지 않았다. 병자호란丙子胡亂(1636, 인조 14~1637, 인조 15)에서 조선이 패망하여 왕까지 치욕을 당한 사실을 알고, 그 치욕을 설욕하기 전에는 조정에 나가지 않기로 다짐했다고 한다. 하지만 당쟁기였던 당시 남인에 속했던 그는 남인의 득세 시기 관리로 되지 않을 수 없었다.

1677년(숙종 2)에 유일遺逸로 천거되어 정4품 성균관사업成均館司業으로 되었다. 이후 5개월 만에 대사헌이 된 뒤, 연이어 판서직을 몇 차례 거치고, 1679년(숙종 5)에는 우찬성을 하다가, 이듬해 경신환국庚申換局의 풍랑 속에서 세상을 떠났다.

경신환국 자체가 복상服喪을 둘러싼 서인과 남인의 예송으로 일어난 세력 다툼 곧 당쟁黨爭의 결과로 남인이 서인으로 인해 실각한 사태였다. 윤휴는 두 차례 일어난 예송—1660년(현종 1)과 1674년(현종 15)—에서 허목 등

1) 고조가 趙光祖의 문인으로 己卯士禍에 연루된 분(尹子寬)이고, 증조는 이조참판을 지냈으며(尹虎), 부친은 徐敬德 門人인 閔純에게 수학하고 대사헌을 지낸 분(尹孝全)이다.

과 함께 남인의 대표격 학자로, 송시열 등 서인들과 맞선 투사적 관리의 면모를 보였다. 그는 당시 효종의 바람이던 북벌北伐에 동조한 자취까지 남겼다. 그 대표적 증례가 '도체찰사부都體察使府' 설치 주장이지만, 그 밖에도 무과의 항시적 존속을 주장한 것과 스스로 병거兵車 및 화차火車를 고안 보급토록 한 예이다.

이 모두가 그의 학식의 남다름에서 나온 현상이지만, 유학의 업적만 살피더라도 '당대의 석학 축'에 들었음은 부정할 수 없다. 당시 성리학자라면 거의 빠짐없이 연구하던 「사단칠정설四端七情說」, 「인심도심설人心道心說」을 연구했다. 나아가 『중용』, 『대학』, 『효경』, 『상서尙書』, 『주례周禮』, 『예기禮記』, 『춘추春秋』 등을 섭렵했다. 그 섭렵 내용을 집성한 책이 곧 그의 『독서기讀書記』이다. 바로 이에서 그는 이황과 이이 등의 사단칠정설 등에 이의를 제기한 다음, 각종 경서들의 '분장分章과 분구分句'에 대한 면밀한 연구에 의한 자신의 독특한 견해를 발표했다. 특히 「대학설大學說」, 「중용장구보록서中庸章句補錄序」, 「중용대학후설中庸大學後說」 등이 그런 이론이다. 그 윤휴 이론의 독특함이 바로 기존의 '정주설程朱說', 특히 '주희의 이론'을 부정한 것이다.[2] 이는 성리학 전래 이후 당시까지 성리학자들이 신봉하던 학설을 거역한, 이른바 '반정주자설反程朱子說'로 된 새 이론이었다.

이를 발표한 직후에는 학자들이 당색을 초월한 시각으로 살피면서 대체로 칭송을 하던 편이었다. 하지만 문제는 당색이라는 정파의 색채를 띤 뒤의 시각과 평가에 있었다. 정쟁의 수단으로 이용되던 '예송의 감정'이

---

2) 이상 劉英姬, 「白湖 尹鑴 思想 硏究」(고려대학교 대학원, 1993. 6.) 참조.

재발하면서, 윤휴의 새 이론들은 곧 '사문난적斯文亂賊'의 낙인을 받았다. 그 사문난적의 낙인은 결국 목숨을 앗아 가기까지 한 것이다. 그의 '연구 업적'(『讀書記』)이 오늘날 제대로 전해지지 못한 까닭도 이에 있다. 하지만 완고한 예학자요, 국수적 북벌론자인 윤휴의 '도전적 연구 성향'은 마침내 조선 후기 '탈성리학의 사조思潮를 일구'던 데에 선구적 역할을 하였다는 평가로 이어진다.

원래 앞에 열거한 유학 경전들은 주희가 지은 것이 아니다. 그 내용은 고대의 공자, 맹자와 같은 성현의 사상이다. 주희의 이론이란 그 내용들에 대한 해석설이다. 해석이란 고대의 환경과 그에 적합한 저자의 본의를 찾아 바르게 밝힘이다. 그런 작업이 완전무결하게 될 가능성은 거의 없다. 누구의 해석이던지 '합리적인 근거'를 바탕으로 하는 한 긍정 받게 되지만, 그렇지 않은 점이 드러나면 비판을 면할 수 없다. 주희설에 대한 윤휴의 경우도 마찬가지 사례였다.

윤휴의 반주희설적 재해석이 설득력을 얻는다는 것은 곧 주희의 성리학에 대한 맹종·맹신의 거부로서 '사상적 전환'으로 직결된다. 그것은 한마디로 해, 주희 성리학이 이제까지 누리던 절대적 권위를 상실케 함이었다. 윤휴에 대한 정치색의 지탄은 바로 이에서 나왔고, 그 대신 그의 이론이 탈성리학의 길을 여는 데 일조를 했다는 평가 또한 이에서 나온다. 다만 여기서 윤휴의 예학禮學이 지닌 '완고한 보수성'과 북벌관에 깔린 '극심한 폐쇄적 국수성'은 후기 실학의 개방적이고 진보적 성향과 상당히 다르다는 점을 짚고 가야 할 것이다. 그런 점을 고려하면, 그의 경우는 어디까지나 경전 해석에서 보인 그의 이론이 권위에 찬 성리학으로부터 '이탈의 계기'를 마련했다는 점에서만 탈성리학적 실학을 형성하는 데 —그의 목숨 귀중 정도로— 크게 기여했다고 해야 한다. 한마디로, 그의 위상을 후기 실학자 중의 하나로 평가하기는 한계가 너무도 뚜렷한 경우이다.

(3) 탈성리학의 선구자=2

주희 이론에 대한 부정을 통해 탈성리학의 사조 형성에 시동을 건 사실로 해서 사문난적으로 몰려 목숨까지 잃은 학자는 또 있었다. 박세당이었다. 그도 양반 가문에서 태어났지만,[3] 불우한 아동기를 보냈다. 일찍이 4세 때 부친을 여의고, 7세 때엔 부친을 대신해 줄 맏형마저 잃었다.

학문 또한 가정의 곤궁으로 해서 10세가 넘어서야 겨우 둘째 형(承旨公)에게 배우기 시작했다. 본격적인 학문은 고모부이던 정사무鄭思武에게서 익혔다. 초학부터 이해력이 뛰어나 선배와 선생을 놀라게 했다는 전언으로 보아 우수한 재질의 소유자였음을 알 수 있다.

17세에 금성현령金城縣令 남일성南一星의 여식과 결혼했다. 특히 처남인 남구만南九萬과 처숙부 남이성南二星은 학문의 좋은 상대여서 그들과 함께 밤낮 없이 토론을 했다. 이런 인척 관계가 뒷날 그의 정파계보를 서인, 그중에도 소론에 속하게 했다. 20대에는 모친과 조모 및 셋째 형을 연달아 잃고, 둘째 형의 등제登第까지 기다리며 과거 준비 기간으로 보내야 했다. 32세가 되어서야 초시(生員試)에 나아가 수석을 차지했고, 회시會試에서 차석을, 증광갑과增廣甲科에서 장원을 하여 성균관 전적이 되었다.

---

3) 그는 南原府使였던 부친(烒)과 楊州尹氏夫人 사이에서 태어났다.

사간원 정언이던 34세의 박세당은 김좌명金佐明의 공조판서직 부당함과 이은상李殷相의 대사성 부적격을 연달아 주장하여, 이도쇄신吏道刷新의 젊은 의기를 펼쳤다. 이로 말미암아 그에 대한 정적이 많아졌다. 그 대신 오직五直의 하나로 꼽히던 서필원徐必遠이 대사간으로서 박세당에 동조해 그의 날카로운 비판 정신은 빛을 조금 본 셈이었다. 이듬해 사헌부 지평이 되어서도 그는 승지 임의백任義伯의 작사괴탄作事怪誕을 들어 파직을 논했다.[4] 서인과 남인의 각축장에서 그는 물의의 대상이 되자, 의식적으로 부름에 불응했고, 남인 허적許積을 탄핵하다가 되레 탄핵받게 된 부하 김만기金萬基의 죄를 자기 것으로 자청하다가 체직되었다.

강골 소신파이던 박세당은 자파의 실력자에게도 때로 미움을 샀다. 홍문관 교리, 경연 시독관이던 36세(현종 5)의 그가 청淸의 사신 영접 건으로 송시열 등의 비난을 받은 것이 그런 사례다. 원래 (정묘, 병자호란) 뒤로 양난의 피해 가족인 관리는 청의 사신이 올 때 해직을 청원해 그 영접을 피함이 통례였다. 당시 교리 김만기도 그 조건에 해당하여 면직을 소청했으나, 승지 서필원이 그 소를 퇴각하고 김만기를 파직시켰다. 이에 박세당은 비난받던 서필원을 옹호하고 나섰다. 이유는 임금부터가 '굴가임접屈駕臨接'하는 이상, 그 왕의 신하로는 이를 피할 수 없다는 것이다. 그것을 피함은 '주욕신사지의主辱臣死之義'를 회피함이라는 것이 그의 견해였다.

이로 인해 그는 대청완론자對淸緩論者로 간주되어, 준론자峻論者 송시열을 비롯한 숭명배청론자崇明排淸論者들로부터 '오사五邪 중 하나'로 지탄받았

4) 『顯宗實錄』, 권6, 4년, 癸卯 3月條.

다. 그해 10월엔 어사로 지방을 돌면서, 사욕을 채우느라 본분을 다하지 않던 수령들을 잡아내 봉고파직封庫罷職 시키고, '안민의 계획'을 담은 계啓를 올렸다. 40세 수찬으로 봉사奉事를 올려 개선해야 할 '민생고'(民瘼)와 개혁해야 할 '폐정들'을 극언했다. 왕의 명으로 동궁을 위한 『소학』의 주설을 개정하고 오류를 교정하며 일일이 변박했다. 송시열의 감수에서 한두 곳밖에 수정받지 않았다고 한다.

이때(40세)를 고비로 박세당은 관직을 떠날 결심을 했다. 월과月課를 세 차례나 빠져, 마침내 파직된 그는 수락산水落山 석천동石泉洞으로 갔다. 야인이 된 그는 거기서 몸소 농사를 지으면서, 그해 8월까지 여러 직책이 주어졌지만 맡지 않았다. 결국 명령 불복종으로 문죄 당해 억지로 나아가, 10월에 동지사冬至使 서장관書狀官으로 연경에 갔다가 이듬해 3월에 귀국했다. 이때의 연행이 그로서는 대륙의 새로운 시대변혁을 관찰한 좋은 기회였을 것이다. 귀국 후 곧 석천동에서 은거하다가, 한때(42세) 외직인 통진현감通津縣監을 잠시 했을 뿐, 51세 되기까지 야인으로 지냈다. 그곳에 강당을 짓고 찾아오는 문도들에게 강론하는 것에만 전념했다. 그 무렵(46세, 현종 15)에는 서인이 남인에게 실권(제2차 예송)하여 벼슬살이를 지망했더라도 여의치 않은 상황이었다.

52세 되던 1680년은 서인이 다시 남인을 물리고 집권하게 된 때(庚申大黜陟)였다. 그에게도 승정원 동부승지가 주어졌다. 간곡히 사양했으나 통하지 않아 취임했지만, 그는 승정원에서 낮에도 이불이나 덮고 누워 있는 등 '파격적인 야인 풍모'(野人風貌)를 냈을 따름이었다. 그 결과 곧 해직되어 귀촌했다. 이어 65세까지 홍문관 부제학, 이조참의 등 여러 직책이 주어졌지만 다 사절했다.

14년에 걸친 이 기간(52~65세)은 그의 생애 중 고전연구古典研究에 전념한 시기였다. 그 연구 업적이 바로 『통설通說』이라고도 일컫는 『사변록』 등이다. 이는 『대학』 주해(52세 때), 『중용』 주해(50~60세?), 『논어』, 『맹자』 주해(61세 때)를 비롯하여, 『상서』(63세)와 『모시毛詩』(65세)의 주해(이는 미완)를 묶은 책이다. 『사변록』 외에도 그는 당시 학자들이 기피하던 『노자주해서』(53세 때)와 『장자주해서』(54세 때)도 내놓았다. 그의 주해 작업을 중도에 그친 것은 65세부터 건강이 급격히 나빠져서였다.

노장에 대한 주해로 인해 당시 친교가 깊던 윤증에게서 충고를 받았다.[5] 유학 경전에 대한 그의 주해가 벌써 반정주反程朱, 특히 주희의 해석을 비판적으로 넘어서는 성격이었다. 당시 『노자』와 『장자』를 이단서라고 간주하던 편협한 성리학자들과 그의 학문 태도는 전혀 달랐다. 그의 변으로는 이것들에도 유의有意 유용有用한 사상들이 있다는 것이다.

박세당의 이 고전 해석서들이 나온 초기에는 별다른 반응이 없었다. 66세 되던 해(숙종 20)는 서인에게 유리한 정변(甲戌獄事)이 일어, 그가 다시 기용될 여건이었다. 더 이상 벼슬살이를 하지 않기로 작심한 그에게도 그 해에 호조참판, 이듬해엔 공조판서, 69세에는 다시 공조판서직이 주어졌다. 일체 취임하지 않았음은 물론, 70세로 기로소에 든 뒤에도 예조판서(71세), 이조판서(72세) 등이 주어져 영예의 만년을 보내는 듯했다.

하지만 비운 또한 이 무렵(74세)에 맞아야 했다. 그가 지은 이경석李景奭

---

5) 『西溪集』, 권7, 「答尹子仁書」.

(1595~1671)의 비문이 말썽이었다. 이경석은 병자호란 때 조선 국치의 '삼전도비문三田渡碑文'을 부제학으로서 어쩔 수 없이 지은 작자이다. 박세당은 그 이경석 자손의 청탁으로 이경석의 비문을 지었다. 그런데 문제는 그 비문에서 노론의 영수 송시열과 소론에 속한 이경석의 인간관계를 언급하면서, 송시열의 인격을 이경석의 그것만 못했다는 식으로 적은 데 있었다. 그것은 자연히 송시열 당인들의 감정을 자극하게 되었기 때문이다. 더욱이 저들 당인들은 그 무렵 정국을 잡은 실세였다. 그들은 유생들을 동원하여 상소로 배척疏斥하게 했을 뿐만 아니라, 유력한 인물들—金昌協, 金昌翕 형제를 비롯, 金鎭圭, 鄭澔 등—과도 함께 소척하길 주저치 않았다. 해서 박세당은 삭탈관작 되고, 성 밖에 나아가 대죄하게 되었다. 그에 대한 탄핵 이유는 명목상 비문의 문장 내용에 있었지만, 실제로는 『사변록』을 통하여 "주자朱子를 능모했다"는 것이 더 큰 이유였다. 그것은 당시 이른바 '사문난적'이라는 죄명이었음은 이미 언급한 대로이다.

이에 이탄李坦, 이익명李翼明 등 박세당의 문인들은 경전에 대한 해석의 동이는 예로부터 있어 온 것임을 지적하는 한편, 사실상 그 비난의 원인은 오직 이경석 비문의 (송시열에 대한) 몇 구절에 있음을 강조했다. 그들 중 특히 판윤이던 이인엽李寅燁은 박세당의 40년에 가까운 휴퇴지절休退之節, 70여의 고령과 노환 및 차자(朴泰輔)의 공훈을 들어 유배의 지나침을 지적, 그 명을 거두도록 소청했다. 이런 청들이 유효해 박세당은 그해 5월에 귀가했다가 두 달여 만인 8월에 세상을 떠났다.

이처럼 유학 경전에 대한 '탈성리학(반정주)적 해석'을 선구적으로 감행한 두 번째 학자, 박세당은 '학문을 사칭한 당쟁'의 파고에 휩쓸려 목숨을 잃었다. 학문을 통한 사상적 전환, 곧 '탈성리학적 실학의 발흥'은 이렇듯 통치사상의 정치적 권위로 해서 목숨까지 걸어야 했을 만큼 지난한 일이었다. 지난한 일을 해낸 그 업적들이 결실을 본 것이 후기 탈성리학적 실학임에 유의하게 된다. 그 박세당의 사상—'일상적 사상'과 '경학의 이론'—은 아래와 같다.

2) 일상적 사고방식의 변환

(1) 성리학적 예禮 의식 풍토의 실상

탈성리학적 실학 사조를 일으키는 데는 학문적 이론 이외에 현실에 대한 '일상적 사고방식'도 작용하였다. 그로 해서 학문 연구가 아니어도, 17세기에는 '습속화한 성리학적 풍토'에 대한 비판적 의식이 대두했다. 그것이 정주성리학설에 대한 비판과 거의 때를 같이하여 일어난 현상이었다. 다시 말해 이런 상식 차원의 의식 변화 또한 '탈성리학 형성'에 영향을 주었다고 할 수 있다. 이런 일상화되었던 성리학적 사유풍토를 먼저 서술하고서, 그 습속화되어 가던 일상적 풍토에 대한 박세당의 대응 태도로 초점을 맞추겠다.

원래 성리학이 선비로 대표되는 양반층의 생활에 가장 크게 영향을 끼친 것은 '예禮 관념과 그 형식'이었다. 17세기 전후 선비들의 '예'에 대한 관념은 사실상 상식 수준을 벗어날 정도였다. 유학자 중 상당수는 그것을 학문적 연구의 중요 대상으로 삼았다. '예'에 대한 '학문적 정리와 세분화'

등이 '예학禮學'의 이름으로 발전하여, 마침내 그것이 지배층에서 경전 해석 못지않게 성행했다. 한국 유학사에서 이 시기를 '예학시대禮學時代'라 하는 이유도 이에 있다.

예는 당시 '법과 제도의 성격'까지 지녔었지만, 윤리의식에 속하는 '도덕의 성격'이 으뜸이었다. 행위의 절차와 형식을 무엇보다도 중요시하는 특징을 지닌 것이 '예'이다. 따라서 그것은 실리實利보다는 '명분名分을 우선시'하는 성향이 짙다. 비록 실리를 추구할 경우라 해도 형식적으로는 일단 '명분을 앞세우는 태도'가 성리학자들의 '예' 중심의 사유 방식이었다.

이런 양상의 실증적 사례가 바로 16세기 후반의 동인東人과 서인西人이라는 붕당의 대두이다. 그것은 뒷날 또 동인은 남인南人과 북인北人으로, 서인은 노론老論과 소론少論으로 분열하여 파당의 세분을 보였지만, 동서 붕당의 대두부터가 일정한 인물의 예행禮行을 기준으로 한 '도덕적 평가'에서 비롯되었다. 그 내막은 아래와 같다. 조선시대 제도상 정부의 인사권人事權을 장악하던 부서의 직책은 '이조吏曹의 전랑銓郎'이었다. 일찍이 전랑에 문장가로 알려진 김효원金孝元이 임명된 적이 있었다. 임명되자 곧 이조참의吏曹參議였던 심의겸沈義謙이 김효원은 본디 외척이자 권신인 윤원형의 식객이었음을 들어 부적격하다고 반대했다. 하지만 반대는 효력을 보지 못한 채로 넘어갔다. 그 뒤 김효원이 이임할 때, 공교롭게 심의겸의 아우 심충겸沈忠謙이 전랑에 추천받았다. 이에 김효원이 그 추천을 거절해, 마침내 두 사람 사이에 불화가 생겼고, 양쪽을 따르는 무리까지 불화로 이어져, 마침내 '사림의 분열'인 당파黨派의 시초가 되었다.

김효원의 집이 서울 동녘 낙산 밑(乾川洞)에 있었고, 심의겸의 집이 서쪽 정릉방貞陵坊에 있었기 때문에 두 파를 각각 '동인'과 '서인'이라 이름했다. 내용은 양 파의 권력 쟁취였지만, 내세운 명분은 도덕적 청탁이었다. 해서 이들 두 무리는 서로 자신의 인격을 성숙한 '군자君子'라 여기고, 상대를 인격 결함의 '소인배小人輩'라 폄하했다. 다시 말해, 예에 입각한 '인간 평가'를 했다.

그 뒤 본격적인 당쟁은 남인과 서인 사이에서 일어난 대결(사실상 朋爭)이 바로 복상服喪 문제에 대한 '예론 다툼'이었다. 1659년(효종 10) 효종이 돌아가자 그의 모후, 조대비趙大妃의 복상은 서인의 뜻에 따라 1년(朞年服)으로 정하고 현종이 즉위했다. 그런데 이듬해 남인 허목 등이 상소로 1년 아닌 3년 복이 옳다는 주장으로 서인들을 비난했다.6) 이유는 서인의 1년 복 주장은 효종을 인조의 제2자임에 근거했지만, 제2자라도 왕위를 계승한 만큼 장자나 다름없이 대우해야 한다는 데 있었다. 서인 송시열 등은 초지를 관철, 1년설 확정에 성공, 집권 연장마저 가능케 했다. 이를 일러 '1차 예송'이라 한다.

그 뒤 1674년(현종 15)에 인종의 비(仁宣大妃)가 돌아감에, 조대비의 복상 문제를 놓고 또 논쟁이 벌어졌다. 서인들은 8개월설(大功說)을, 남인들은 1년설(朞年說)을 주장하다가, 채택된 결과는 1년설로 남인들이 득세, 서인들은 실세했다. 이를 '2차 예송'이라 한다. 이상이 '예설 대결'로 행해진 당쟁(붕쟁)의 실상이다. 한마디로 해, 당쟁마저 '예송禮訟 성격'으로 했던 것이다. 예를 얼마나 절대시했는지 알게 하는 단적인 현상이 아닐 수 없다.

---

6) 앞 절에서 언급한 尹鑴는 남인의 이론가로 許穆에 이어 예송에 참여했다.

이것이 17세기 성리학을 통치사상으로 한 조선의 정치 사회의 면모였다. 이에 실학자 박세당은 이런 풍토에 대해 다음과 같이 사유했다.

(2) '예' 의식 풍토에 대한 비판

파당을 만든 원인인 '군자君子', '소인小人'의 지칭에 대한 박세당의 견해부터 보겠다. 그는 누구나 군자라고 불리면 기쁘고 소인이라 들으면 기분 나쁨은 '인간의 상정'(人之常情)임을 인정한다. 그 칭호가 인격 평가여서 누구나 호오好惡의 감정을 느끼지 않을 수 없다. 하지만 박세당은 그 칭호가 무엇보다도 믿기 어려울 만큼 '불확실함'을 지적한다. 불확실하니 그 평을 쉽사리 믿을 수 없다는 것이다. 사실에 충실한 정확성正確性을 기하기 어려우므로 이 용어의 사용에 그는 주의를 환기하고 있다.

더욱이 용어 사용이 대체로 인간들의 '친근 여부'에 달린 성향임도 간과하지 않은 그였다. 가까운 사람에게 군자를, 달갑지 않은 사람에게 소인이라 하는 것이 용어 사용에서 폐단을 가져온다. 이 '용어 사용의 부정확한 폐단'을 박세당은 자신의 경험으로 설명하기도 했다. 언젠가 자기가 밖에서 노닐 때 남들이 자기를 가리켜 뱀(蛇)이라 하기에 살펴보니 아니었다. 아님을 알고는 그 지칭에 걱정하지 않게 되었다. 반대로 용龍이라는 지칭을 들었지만, 그것도 아님을 확인하고는 그 상대를 좋아하지 않게 되었다. 도대체 어떤 지칭일지라도 싫어하거나 좋아할 것이 못 된다. 중요한 것은 나의 '사람됨'(爲人)이라는 것이 그의 판단이자 신념이었다. 박세당의 이러한 사상은 '겉 표현'보다는 '내실'을 추구하는 유형의 태도이자

사고방식이다. 이것만으로도 그는 명분名分, 형식形式, 칭호稱號를 중요시하는 성리학적 성향을 떠나 사실事實, 실질實質, 실리實利를 중요시하는 탈성리학적 실학의 성향에 기울은 실례라 하게 된다.

다음, 예송에 대한 박세당의 견해를 보자. 그는 효종의 죽음으로 인한 그 모후 자의대비慈懿大妃의 복상을 두고 나눈 '제1차 예송'을 언급한 적이 있었다. 그에 따르면 1차 예송은 오로지 효종의 '차장자次長子라는 한 사실'에 대한 '두 가지 명분론名分論의 대립'이었다는 것이다. 만약 효종이 제4자나 제5자였더라면 복상 문제가 제기되었을지 의문시했다. 그런 점에서 효종에 적용된 '차장자'라는 용어가 '두 단어(차자와 장자)의 합성'이라는 것이 두 갈래의 명분론을 낳게 한 원인임을 그는 밝힌 셈이다. 곧 '차次'를 기준으로 하면 기년복이 적합하고, '장자長子'를 기준으로 하면 3년복이 적합하다는 판단이 그것이다.

아무튼 명분론은 따지기 나름임을 그는 간파했다. 확실한 전범이 될 고례古禮가 없는 이상, 명분론은 이렇게 또는 저렇게 근거를 만들어 대는 데 달렸다. 명분에 따른 예의 가변적 상대성을 지적한 것이다. 그런 박세당의 주장은 결국 '명분상의 예禮'가 곧 '종통宗統의 사실'을 좌우하지 못한다로 귀착했다. 중요한 것은 사실 자체이지, 사실에 대한 각자의 평가가 아니라는 주장이다. 따라서 복제라는 예의 가변적 상대성을 도외시한 채, 복제 기간의 쟁송을 일삼을 필요가 없다. 그런 쟁송은 쓸모없는 '무익한 것'에 지나지 않는다는 요지로 그는 이 논의를 마감했다. 역시 명분보다 실제 사실을, 형식보다 내실을 중요시하는 그의 탈성리학적 실학사상의 성향이 이에서도 나왔음을 본다.[7]

3) 정치 현상에 대한 비판의식

(1) 내치적 개혁설

시대정신과 갈던 '예숭상'을 비판하던 박세당은 관리로서 갖가지 '폐정'에 대한 개혁에 있어서도 남 못지않았다. 이 점은 왕에게 제출한 「응구언소應求言疏」[8] 속의 '재난대비책'(弭災策)에 잘 드러난다. 요지만을 추리면 아래와 같다.

첫째, 왕 자신의 성실한 집정執政의 촉구다. 왕이 일 년 동안 조정에 나와 신료를 접견하는 기회가 몇 차례 안 됨을 들었다. 이어 그는 그렇게 하는 한 '말세의 교만하고 혼탁한 임금'(末世驕昏之主)을 면치 못한다는 직언을 서슴지 않았다. 신하들을 자주 접하여 제반사를 함께 상의하면서 결정하는 '친정'을 베풀어야 나라의 모든 직능과 사무가 제대로 된다고 역설했다. 왕은 결코 정치와 관계없이 권위만 행사하는 존재가 아님을 일깨워 주려 했다.

둘째, 박세당에 따르면 대신大臣은 무엇보다도 유능해야 한다. 국가 사정에 대해 모르는 것이 없어야 한다. 따라서 유능한 인재를 천거하고 발탁해야 한다. 신하의 구체적인 임무란 왕을 보필하여 실정을 하지 않게 하고, 또 실정에 대해서는 바로잡도록 하면서 자기 아래 관리들의 과오를 교정할 줄 알아야 한다. 중대한 정책들을 수립하고 집행하는 데 있어 국가의 이해를 합당하게 가려, 궁극적으로 '민생民生의 안락한 생업'을 꾀하

---

7) 윤사순, 「朴世堂의 實學思想에 관한 硏究」, 『韓國儒學論究』(玄岩社, 1980) 축약.
8) 朴世堂, 『西溪集』, 권5, 「應求言疏」.

도록 해야 한다. 아울러 국민의 교화를 통하여 기강紀綱을 바로 세워야 한다. 이것들이 대신의 책무 중 중요한 요목이다. 흔히 실리·실용의 시각에 설 때 '민생民生의 돈후敦厚'에만 비중을 두는 경향이 있지만, 그는 '교화의 겸행'도 대신의 요건으로 들었다. 그의 사유로, 대신 자격은 결코 기술적이고 기량적 업무의 수월성에서 그치지 않는다. 아울러 '교양'이라 할 지성적 모범과 그 교화까지 겸유해야 한다는 것이다.

셋째, 과도한 징세(橫斂)를 방지하고, 세금과 부역의 균등화를 역설했다. 왕은 재용이나 정액의 부족을 구실로 염역斂役을 마구 증가하지만, 이는 왕 일신을 위해 백성을 학대함이다. 본래 나라의 통치를 왕에게 위임한 뜻은 그 '한 사람을 받드느라 백성을 죽이는 데'(私奉一人而殘百姓) 있지 않다. 오히려 왕이라면 백성을 어버이처럼 돌보아야 한다. 나라의 근본은 왕 아닌 백성임을 강조한 박세당이다. 그럼에도 당시 현실은 '지나친 징세'(橫斂)에다가 '족인지침族人之侵' 제도까지 있어, 도망자가 속출하고 마을이 텅 비는 지경이다. 족인지침의 악법惡法에 대한 원망과 통탄이 하늘을 찌르는 지경임을 사실대로 간언했다. 그로서는 왕이 백성을 학대하지 않는다 해도 믿을 수 없는 현실임을 진술했다. 시급히 악법을 폐지하고 과도한 징세를 감축하며, 고르지 않은 세금과 부역을 균등히 해야 함이 급선무라는 것이다.

세금과 부역의 균등화에 대한 그의 개혁설은 비교적 상세히 구상한 부분이다. 그는 여기서 국민의 계층과 그 점유 비율을 적시했음이 눈에 띈다. 곧 천민賤民(公賤과 私賤), 평민平民(良民), 사대부士大夫(또는 名士族) 세 부류와 천민 6할, 평민 2할, 사대부 2할이라 했다. 이 비율은 너무 견고히

굳어져 변개가 곤란함을 이유로 잠시 그대로 두는 수밖에 없음을 토로한 그였다. 특히 공천과 평민 계층이라면, 그 각각의 범위 안에서는 부역과 조세가 균등해야 함에도 그렇지 못함을 시정토록 촉구했다. 평민의 경우 군포軍布와 사역使役에 경중의 차이가 없도록 해야 한다는 것이다.

사대부의 경우, 대부분 독서조차 제대로 하지 않고, 노동 또한 하지 않게 함을 문제시했다. 그에 따르면, '나라 안에 살면서 아무 일도 하지 않음(나라를 섬기지 않음)은 있을 수 없는 법'이다, 부역을 할 수 없다면 그 대신 노역에 해당하는 비용費用을 내도록 해야 함이 마땅하다. 사대부로 통칭되던 사족에 대한 특별대우를 폐지토록 촉구한 그였다. 벼슬을 내놓았을 때 박세당 자신은 손수 농사를 지었고, 농서인 『색경穡經』을 서술했음은 바로 이런 소신의 실천이었을 것이다. 같은 '사대부의 자성自省'에 철저했음도 특기할 부분이다. 그러나 '천민제 타파' 같은 '계층 자체의 철폐'를 구상치 못한 점은 그의 사상의 한계였다.

넷째, 박세당에 따르면, 병제兵制는 군병이 임금과 목숨을 걸고 환란을 함께 견뎌 내야 하는 제도이다. 그토록 중대한 제도가 당시 붕괴된 실정을 우려했다. 편성 자체가 '오위五衛', '어영御營', '훈련訓練' 등 불합리하게 중복되었다. 명목만 다를 뿐 중복된 편성이 양민의 병역兵役을 가중시킴을 간과하지 않았다. 각 기구에서 이행해야 하는 병역에 차이가 있어 양민을 곤핍困乏하게 하므로, 오위와 훈련을 폐지하고 둘을 '어영제에 통합'할 것을 주장했다. 어영을 중심으로 좌우영으로 분립하여, 전군을 하나의 통솔 아래 합치자는 것이다. 그렇게 하면 제도 자체가 본말경중의 차이 없이 통괄되고, 병액兵額 또한 현재의 3분의 1 또는 4분의 1로 감액되며, 정병화

精兵化의 효과까지 거두게 된다고 주장했다.

당시 병제의 중복은 백성에게 가혹한 역렴의 남발로서 '독렴毒斂'일 따름이었다. 이른바 족인지침族人之侵의 폐해가 특히 그런 것임은 이미 밝힌 것이다. 이 악폐를 개혁하지 않는다면 "누가 임금과 함께 환란을 극복하려 목숨을 바치겠는가"[9]라고 임금에게 묻고 있다. 실로 국가의 전란戰亂에 대비하는 병제의 개혁이 절실히 요구된다는 것이 그의 견해였다.

다섯째, 국가 재용의 낭비 방지이다. 박세당은 당시 국가의 부유를 해치는 국고의 낭비가 있음을 밝혔다. 그에 따르면, 국고를 다루는 기구의 중복이 가장 큰 문제다. 호조 이외에 궁중을 위하여 '사복시司僕寺'와 '내수사內需司'가 있어 재용을 소비하는 데다가, '내탕'(內帑)까지 설치한 것이 제도상의 실책이다. 이것들의 설치는 결국 '궁중을 위한 재용 낭비'에 다름 아니다. 특히 내탕으로 임금의 사재 축적의 길을 가능케 한 제도는 결국 종사를 뒤엎는(傾覆) 짓이라고 비판했다. 내탕을 호조에 귀속시키고, 내수사와 사복시 또한 없애야 한다. 국고의 모든 출납을 호조의 관리로 통합해서 일원화해야 한다는 것이다. 이것은 조세와 부역의 균등화와 함께 박세당의 '국가 재정체제의 정비'에 대한 혁신적 구상이었다.

내탕부터 폐지하자는 그의 주장은 '짐이 곧 국가'라는 왕권절대주의 사상의 부정이 아닐 수 없다. 독재로 통할 수 있는 전제주의를 막아 내고, 군신협치 또는 군신공치라는 유학 본래의 이상정치 실현을 위한 개혁설인 셈이다. 임금에게도 제한된 범위의 '일정한 보수만 지급'하고 국민과

9) 앞(각주 8)과 같음.

동고동락하도록 하려는 조치이다. 임금 개인의 호의호식은커녕 오히려 국민을 위한 '헌신적 봉사'만 당연시하는 유학 본래의 '성군사상聖君思想'이 곧 박세당의 기본 사상임을 읽게 된다.

하지만 성군사상을 그리는 경우라 해도, 성리학자들은 의례 임금의 도덕적 수양을 무엇보다도 꼽는다. 그 이유는 도덕적 수양에 의한 덕치德治 그리고 예치禮治를 가장 이상시했기 때문이다. 그들은 임금을 정치인이기에 앞서 먼저 도학자로 만들어 '도학적 감화'라는 이른바 '무위無爲의 덕화德化'를 기대하였다. 하지만 박세당의 개혁설은 그렇지 않았다. 임금의 '성실한 집정'을 통하여 민생의 돈후를 위한 국가의 '부유론'과 국민의 안위를 위한 '국방론'에 집중하였다. 이것이 그의 개혁설에 나타난 사상적 특징이다. 성리학의 풍토를 벗어나 새로운 '시대변혁時代變革'을 꾀한 탈성리학적 실학자 박세당의 정치사상이었다.

(2) 자주 실리적 대외관

조선조의 외교는 주로 이웃 나라들과의 교류였다. 그것을 경시하지 않았음은 말할 나위 없다. 17세기 조선에서는 '청淸과의 관계'가 병자호란丙子胡亂(1636~1637)의 영향으로 해서 가장 큰 대외對外 문제였다.

박세당의 대외관은 이미 앞(생애 부문)에서 약간 비쳤다. 곧 청나라 사신의 입국 때 호란 피화가被禍家 자손 관리에게 그 영접을 (계속) 면제해 주는 조치를 부당시한 발언으로 인해 그는 '친청론자親淸論者'로 지목되었다. 심지어 '오사五邪 중의 하나'라고 비방까지 받았다. 그것은 그의 견해가 정권을 장악하던 숭명배청론자崇明排清論者들 의견과 배치되어서 받은 비방이었다. 하지만 박세당의 주장은 '임금마저 직접 청의 사신을 맞는 마당'에 임금에게 목숨을 걸고 섬겨야 할 신하로서 어찌 개인의 원한에 구애되어야 하겠느냐는 데에 이유가 있었다. 그 주장 또한 당연시되어야 할 견해였다. 거기에는 또 청나라가 이미 중국과 동아의 지배권을 장악하고 있는 마당에 그 세력을 무시할 수 없다는 '실질적 현실론'이 작용했다. 그런 점에서 그것은 '명리적名利的 허례허식虛禮虛飾의 배격'에 다름 아니었다.

하지만 보수적인 숭명배청론은 패망한 명明이 과거 임진왜란 때 우릴 도와주었다는 구실, 그리고 청은 오랑캐(北蠻)인 만주족이라고 멸시하던 모화주의慕華主義가 작용한 것이었다. 그 사유는 송시열을 비롯한 그 당인들의 견해였다. 그들은 호란을 당한 지난날의 원한으로 되레 불가능한 북벌론北伐論을 뇌고 있었다. 박세당에 대하여 모멸하던 배후에는 이와 같은 '비현실적 이념의 몽환'이 작용했다.

당시 외교 문제는 이렇듯 중국의 명과 청에 대한 것이 대부분이었다. 중국을 대하는 대외관 중에는 또 '연호年號 문제'도 있었다. 이것은 명나라 연호인 '숭정崇禎'과 청나라 연호인 '강희康熙' 중 조선에서 어느 것을 사용해야 하는가였다. 전자는 숭명배청에 기운 대청강경론자들이, 후자는 대청온건론자들이 선호한 견해였다. 박세당의 견해가 청의 연호 '강희'였음은 물론이다. 그에 따르면, 연수 또는 세수를 나타내는 연호란 왕조의 바뀜에 따라 자연히 변하지 않을 수 없는 것, 왕조가 이미 명에서 청으로 바뀐 이상 청의 연호를 사용함이 자연스럽다. 강희라 할 것을 굳이 숭정으로 사용함은 부자연하고도 불편하다는 것이었다.

이 주장을 그는 역사적 고사를 들어 타당화했다. 진晉나라 충신인 동시에 시인으로 유명한 도연명陶淵明만 해도 진나라가 망한 뒤 절의節義를 지킨 인물이지만, 망한 진의 연호를 쓰지 않고 다만 육갑(甲子)을 이용했을 뿐이다. 반대로 망한 나라의 연호를 사용한 예로는 당나라에 진기晉岐가 있었다. 하지만 그로 해서 주희의 『강목綱目』에서는 그의 경우 당의 연호(天祐)에 주(分註)를 다는 번잡한 결과만 남겼다. 망한 전 왕조의 연호 사용이 뒷날 불편하게 한 '교훈적 사례'가 되었을 따름이다. 이에 더해, 고려에서도 송宋나라가 망하고 원元이 중원을 차지했을 때는 지금과 똑같았는데, 송의 연호를 쓰지 않았던 사례도 있었음을 그는 상기시켰다.

송시열 등 숭명론자들이 명의 연호를 계속 사용하려는 배후에는 '명과 조선'을 마치 군신君臣의 관계인 듯이 여겨, 그 연호 사용이 곧 충절忠節 행위처럼 여긴 관념이 작용했다. 그 관념이 곧 '작은 나라가 큰 나라 섬김'의 사대사상이었다. 이런 점에서 판단하면 박세당의 주장에도 청에 대한 '사대事大의 관념'이 없지 않았던 셈이다. 연호 문제의 배후에는 이렇게 사대 관념이 작용했던 만큼, 이제 박세당의 '사대사상에 대한 견해'를 더 살펴야 한다.

박세당은 먼저 청과 그 주변국의 강약을 생각했다. 주변국들은 청의 하나의 주州, 현縣, 군郡에 지나지 않을 정도다. 이런 주변국이 청에 대항함은 마치 작은 개미(弱蟻)가 제방을 뚫다가 죽음을 당하거나, 미친개(猘犬)가 사람을 물다가 곧 죽게 되는 경우와 같다는 비유를 들었다. 지난 역사가 이를 입증한다는 것이다. 그런 만큼 주변국은 청에 순종하지 않을 수 없다. 어디까지나 '자아의 삶을 위함'에 사대의 목적이 있고, 그로 해서 '순종의 태도'로 대함이 그 수단이라는 의미이다. 사대에 대한 그의 견해는 매우 '현실적'이고도 '실리주의實利主義' 성격을 띤 외교관이었다. 그의 이런 견해는 당시 완고한 숭명론자(대체로 성리학자)들이 '군신의 의리'(君臣之義)라든가, 주변국을 오랑캐라고 업신여기는 '존양尊攘의 도리' 따위의 모화사상에 반기를 든 것이다.

정리하면, 박세당에게 있어 '사대'란 국제간의 '힘(武力)의 우열'이라는 엄연한 사실을 바탕으로 하여 약소국이 살아가기 위한 불가피한 수단으로 강대국을 대하는 '예행禮行'일 따름이다. 그렇게 실리를 챙기는 '그의 사대'는 어디까지나 '조선인 본위'이지, 결코 '중국인 본위'가 아니었다. 그의 그 관념에는 민족의 보존과 존속의 '주체적 사유'가 깃들었다. 숭명론자들이 중국인 본위로 주체성 상실의 사대를 한 것과는 전혀 다른 것이었다. 시대를 이끌어 가는 예지가 그에게 상대적으로 보다 더 실제적이었음을 인정하지 않을 수 없다.

4) 반성리학설의 요체

(1) 노장사상에 대한 실학적 해석

박세당이 연구한 탈성리학적 학문 또는 이론은 어떤 것인가? 그는 대부분의 성리학자들과 달리 유학 경전만 연구하는 데서 만족하지 않았다. 성리학자들이 이단시하던 노장사상에 대하여서도 연구하기를 주저하지 않았다. 그는 불교에 대해서는 눈길을 주지 않았지만, 노장사상에 대해서는 매우 개방적 태도를 보였다. 스스로 『도덕경道德經』과 『남화경南華經』을 주해할 정도로 연구 업적을 남겼다.

당시 완고한 성리학자들이 불교는 물론이고 노장사상에 대해서도 이단으로 여기면서 배척했다. 그런 만큼 노장사상 연구 자체가 일종의 '탈성리학적 태도'에 들 수 있다. 물론 이이 같은 성리학자도 노자사상을 연구하여 『순언醇言』을 간행했다. 하지만 그 연구로 인해 이이는 평생 완고한 성리학자들에게서 '큰 흠'인 듯 비난을 받았다. 박세당과 가까이 지내던 윤증이 그에게 노장사상 연구를 경계한 사실이 이런 세태를 알게 하는 점이다.

박세당은 노장사상의 주해를 통한 연구 업적을 간행하면서 그 나름의 변명을 앞세웠다. 노자사상이 유학과 크게 다르지 않다는 것, 그리고 거기에 흠(疵)이 있지만 배울 만한 장점도 있다는 것이다. 그는 특히 『대학』에 적힌 '8조목'과 같은 내용이 『도덕경』 54장에 '수신修身, 수가修家…… 수천하(修之天下)'로 명시되었음을 들어 유학과 크게 다르지 않다는 증거로 제시했다.[10] 그리고 노자가 유학과 다른 듯이 "배움을 끊어야 근심이 없다"(絶學無憂)고 하여 '인위(有爲)가 없는 배움'(無爲之學)을 말했지만, 그것은 '배움 없음을 배움'(學不學)이라면서 유학과 다르지 않다고 강변했다. 이는 노자의 근본 사상을 '함이 없되 안 함이 없음'(無爲而無不爲)이라는 식으로

---

10) 『新註道德經』, 54章註.
첨언: 필자가 여기서 소개하는 박세당의 노장사상은 과거 필자의 「朴世堂의 實學思想에 관한 硏究」(『韓國儒學論究』, 현암사, 1980)에서 상술한 것을 간추린 것이다. 따라서 각주 없이 서술하는 부분은 모두 위 논문에 있음을 밝힌다.

해석한 것이다. 이 밖에 그는 또 자기류의 재해석을 통한 유학과 노장사상의 같은 점을 지적하려 했다. 예로 노자의 '천지는 인하지 않다'(天地不仁)를 임희일林希逸이 '대인은 불인이라'(大人不仁) 또는 '지극한 덕은 불인'(至德不仁)이라 한 견해를 따라 (노자의) "인한 마음"(仁之心)이라 한 해석이 그런 것이다.

박세당은 유학의 팔조목에 해당하는 사유가 노자사상에 있음을 보이면서, 그것을 근거로 노장사상 역시 '수기와 치인'으로 집약된다는 주해를 폈다. 다만 좀 이상한 점은 노장사상이 유학과 같다는 사실을 누누이 강조하면서도, 거기서 배울 점이 무엇이라고 명시적으로 집어내지는 않은 것이다. 이를 필자는 그가 주해를 통해 제시한 이론들이 실상 배워야 할 점임을 암암리에 나타낸 것이 아닐까 한다. 배워야 할 것을 지시하는 것이야말로 유학자인 그의 입장에서는 오해만 불러오기 쉬운 태도라 회피한 듯하다.

그의 주해 중 특히 눈에 띄는 것은 아래와 같은 예문들이다. 노자가 "천하에서 유약한 것으로는 물보다 더한 것이 없다"(天下柔弱, 莫過於水)라 하면서 ―反의 법칙에 따라― "약함이 강함을 이긴다"(夫弱之勝強. 『도덕경』 78장)라고 한 언명을 든 것이 그 하나이다. 그리고 노자가 유학을 공박하는 뜻으로 말한 "문채(文)가 번성하여 본바탕(質)을 쇠약하게 하면, 형벌이 많아지고 혼란이 더해질 수밖에 없다. 그래서 이르길, '예禮란 충신忠信을 부박하게 하고 혼란만 더하게 한다'고 했다"(앞 책 38장)라는 것을 그대로 인용한 것도 그런 예문이다.

앞의 첫 문장은 유학이 오직 강함만 좇고 약함을 외면하는 태도에 대한 노자의 비판이다. 그 비판이 둘째 사례로 연결되어, 유학이 겉치레를 좇다가 본바탕을 망가뜨리는 것이 사실상 예만 중요시하다가 진지한 믿음성을 잃게 되는 결과를 낳음을 경고한 내용이다. 이와 같은 것은 박세당 자신이 성리학자들에게 하고 싶은 언사가 아닐까 한다. 특히 두 번째 것은 당시 겉치레나 좇는 유학의 '예에 대한 절대시(禮絶對視) 풍조'를 비판하고 싶은 그의 뜻을 에둘러 나타낸 것이라 하겠다. 당시 성리학자들의 기풍에 대한 시정 촉구의 의의를 읽을 수 있는 예문이다.

원래 문文과 질質의 관계는 본래 공자가 서로 균형이 잘 맞아야 한다(文質彬彬)[11]고 했던 것이었다. 그런데 성리학의 예에 대한 중시가 너무 지나침에 박세당은 노자의 '질 중요시' 사상을 빌려 당시의 그 풍조를 비판한 것이다. 역시 탈성리학적 실학자다운 비판이 아닐 수 없다. 노자에 있어 질質은 소박함의 박樸으로 통한다. 이것이 본래대로 꾸밈이 없는 자연自然을 표현한 것이라 해도 과언이 아니다. 그러한 '박'을 노자는 "무위無爲돈질敦質의 본체(體)이자 도道의 본성(本)"이라(앞 책 37장) 규정했다. 노자사상의 특징인 '무위無爲'의 성격과 우주만물의 근원으로 상정된 '도道'의 성격이 모두 '박'이라는 뜻이다.

이런 '박'에 유학자 박세당이 주목하고 눈에 띄도록 드러낸 것은 곧 '무위자연'이 배울 점이라고 함과 다르지 않다. 유학자로서 무위자연의 우수함을 배울 점이라고 명시할 수는 없으므로, 그 대신 (그런 발언을) '질박이 예나 문보다 오히려 낫다'고 암시했다는 이해가 가능하다. 결국 성

11) 『論語』, 「雍也」.

리학에 의한 당시 예禮 제일주의적 풍조를 극복하려는 탈성리학적 실학자다운 태도라 할 수 있다.

(2) 반정주설의 개요

유학 경전에 대한 박세당의 주해가 오롯이 담긴 일명 『통서通書』라고 하는 『사변록』은 사서四書와 『서경書經』 그리고 미완성의 『시경詩經』에 대한 것이다. 우리는 편의상 그것을 아래와 같이 분류하여 살피려 한다.

첫째, 학문관과 격물치지설

공자가 말한 배움—學—(『論語』, 「學而」)에 대한 주희의 해석은 '본받음'(效)이었다. 이를 박세당은 부당하다고 여겼다. 이유는 "배움이란 스승에게서 전해 받고, 스스로 강구하며 질문하는 의미"이기 때문이다.[12] 같은 맥락에서 학문 또는 지식의 습득에 속하는 '격물格物', '치지致知'에 대한 기존의 정주程朱 해석을 그는 부정했다. 정주의 해석은 '격'은 '이름'(至)이고 '물物'은 '사事'라 하고서, 격물이란 '사물의 이치를 궁구하여 그(이치)에 이름'이라 했다. 그리고 치致는 '미루어 끝에 이름'(推極)이고, 지知는 앎(識)임을 전제로, 치지致知란 '사물의 이치를 궁구하여 그 앎이 지극하게 됨'이라고 했다.

하지만 박세당은 '격'을 법칙(則) 또는 바름(正)이라 하고, '물'을 일(事) 아닌 일감(事)이라고 전제했다. 따라서 격물은 "사물의 법칙을 궁구하여

12) 이하의 논의는 모두 『思辨錄』에 기재된 것이므로 脚註를 생략하겠다.

그 바른 것을 얻음"(求物之則而得其正)이라 한다. 격물 자체가 지식의 획득인 만큼, 치지와 다르지 않다. 따라서 치지를 격물과 떼어 달리 해석할 필요가 없다는 것이다.

주희는 사물의 리理를 실재시하였으나, 박세당은 그렇게 생각하지 않았다. 유물유칙有物有則이라 하듯이, '리'는 법칙 원리일 따름이다. 이렇듯 박세당은 리理에 대한 '성리학'(정주)의 명제들을 부정하는 것들이 많다. 곧 "천즉리天卽理"라든가, "성즉리性卽理" 및 "리일분수理一分殊"를 그는 다 부정했다. 이렇게 하면 '성리학의 철학적 근간'이 그에게서 다 부정되는 셈이다.

둘째, 성리학의 자연관 부정

유학의 최고 경지는 '천인합일天人合一'이다. 박세당은 이를 어느 정도 긍정하지만, 이를 여러 측면으로 적용하는 주희의 사유에는 부정적이다. 예시하면, 주희는 『중용』 제1장의 주해에서 "내 마음이 바르면 천지의 마음(天地之心)도 바르게 되고, 내 기氣가 순하면 천지의 기도 순해진다"고 했다. 이는 천인동질설을 바탕으로 논한 주희의 '천인상감설天人相感說'이다. 하지만 박세당은 이를 '의심스럽다'는 표현으로 긍정하지 않았다. 그는 마음 아닌 '기에 의한 상호감응'은 가능하지만, 그 이상은 불가능하다고 했다. 이를테면 인간과 자연 사이에 있을 기에 의한 일정한 영향만 인정하는 사유이다.

박세당의 이런 사유는 '인성물성의 상동설'을 부정하고 '그 상이설'을 인정하게 된다. 그는 '물아일체' 아닌 '물아이분物我二分'을 사유한 학자였다. 자연을 본질에 있어 '타자시他者視'한 사상의 소유자였다. 이런 점에서 성리학자들과 달리 그는 '자연의 도구화'로 기울 수 있는 성향의 학자였던 셈이다. 이 또한 경험에 입각한 '그의 자연관의 특징'이라 할 수 있다.

셋째, 인간관의 상이

유학에서 바람직한 인간상 중 최고의 인간을 성인聖人이라 함은 다 아는 대로다. 주희나 박세당도 이 점에는 서로 견해를 달리하지 않았다. 하지만 '공자를 성인'이라 할 때 견해의 차이가 생긴다. 주희 같은 학자는 '공자의 인간됨의 완숙'함을 강조하느라, 『논어』 등의 해설에서 음양 및 삼재三才 사상까지 동원해 공자를 완전한 인간으로 설정했다. 바로 이 점을 박세당은 긍정하지 않는다. 그의 견해로 성인도 인간이어서 그럴 수 없다는 것이다. 그는 공자를 하나의 인간이되 '원숙한 인격의 경지'에 이른 인물로 이해했다. 그가 이해한 성인 공자는 완전하게 가공하지 않은 '현존하는 인간이 이른 최고 경지의 인격자'로 여겨질 따름이다.

박세당과 주희의 이러한 차이는 본래 '일반인의 인간관' 자체에서부터 비롯된 듯하다. 그 증거가 공자의 시 삼백 편에 대한 '사무사思毋邪'라고 한 것의 해석에서 드러난다. 주희는 사무사를 시에 있어 '사특함이 없어야 함'을 지시한 일종의 교훈으로 해석했다. 하지만 박세당은 그렇게 해석하지 않는다. 그는 이렇게 적었다.

생각에 사특함이 없다(思毋邪)는 말은 분명히 시詩를 가리켜 말한 것이지,

그 말로 사람들에게 이렇게 하라고 주문한 것이 아니다.…… 원래 삼백 편의 시(말)에 비록 선악이 섞여 있다 하더라도, 하나같이 모두 정情에서 우러나온 것이지 허위로 꾸민 말이 없으니, 일러 '생각에 사특함이 없다'고 한 것이다.[13]

이는 박세당이 정서 또는 정감 자체를 순수한 것으로 보는 사유이다. 선악의 가치 이전에 살아 있는 생명에 주목하는 태도이다. 이로 미루면 그가 그리는 인간상은 이성적으로 구성된 '가공적 인간'이 아니고, 생생하게 살아 움직이는 '현존하는 인간상'이다. 그런 인간의 '정감을 순수하게 여긴 사유'를 드러낸 것이 그의 이 해석이다. 정감의 순수를 믿는 점에서 그의 인간관은 다분히 '근대적 인간관'에 근접한 것이라 읽힌다.

(3) 윤리관의 상이

유학의 윤리도덕은 『중용』의 용례로 볼 때 '도道'로 나타낸다. "천天이 명한 것을 성性이라 하고, 그 성을 따름을 도라 한다.…… 도란 잠시도 떠날 수 없는 것, 떠날 수 있다면 도가 아니다"라고 했다.

이 도에 대한 주희의 해석과 견해에 대해 박세당은 다음과 같이 비판했다.

도란 일용사물에 마땅히 실행해야 할 이치(當行之理)인데, 모두 성性의 덕德으로 마음에 갖추어 있다.……[14]

---

13) 『論語思辨錄』, 「爲政篇」 註.
14) 『中庸章句大全』, 제1장.

…… 그리고 도는 사람의 성을 따름으로 말미암아 얻어지는 것이지, 처음 태어나면서부터 타고난 것은 아니다.[15)]

주희에 따르면 마땅히 행해야 할 길인 '리理가 곧 도'이다. 이는 사람의 마음속에 태어날 때부터 '성의 덕'으로 본구本具되었다는 것이다. 사물에게도 그렇게 본구되었다고 했다. 그러나 박세당의 견해로 도가 마땅히 행해야 할 길이기는 하지만 인간에게만 적용되지, 사물에는 적용되지 않는다. 그리고 사람조차 성性은 타고나지만, 도道는 본구로 타고나지 않는다는 것이다. 이 대목에서 그는 주희의 해석대로 도가 본구된 성의 덕이라면, "성을 따르는 것을 도라 한다"(率性之謂道)는 본래의 규정브터 바꾸어야 한다고 비판했다.

주희와 박세당의 도에 대한 견해 차이는 '도를 본구한다거나 그렇지 않다'는 사유에서 비롯되었다. 이는 달리 말해 주희의 도덕관은 '불변적 절대적 성격'인 데 견주어, 박세당의 그것은 '가변적 상대적 성격'을 띤 차이이기도 하다. 주희의 도덕관이 자율을 결여한 사유인 데 견주어, 박세당의 도덕관은 자율적 의지를 전제한 인위적이고 능동적이고 선택적 성향의 사유이다. 따라서 주희의 도덕관이 전근대적 색채가 짙다면, 박세당의 도덕관은 좀 더 근대적 색채가 짙다고 할 수 있다.

15) 『中庸思辨錄』, 제1장.

(4) 박세당 사상의 탈성리학적 성격

이상으로 박세당의 철학사상에 대한 고찰을 마감하겠다. 그의 사상 전체를 일별할 때 일상적 사상이나 경학 사상이나 다 '실제성 중요시' 성향으로 일관하고 있다. 일상적 사상에서 성리학자들의 예절 중시 사유를 비판하면서 '형식形式보다 실질實質'을 중요시함과 아울러, 청국과의 관계에서 '명분名分보다 실리實利'를 택함이 그런 것이었다.

그의 경학설이 주희설에 반기를 든 경우도 이 점은 마찬가지였다. 학문관, 자연관, 인간관, 윤리관에 있어 박세당의 주희설 비판의 기본 바탕에는 언제나 사실과 경험 중요시 사유가 작용했다. 이 역시 실제성 유무로 논한 비판과 다르지 않다. 그의 사상의 이런 특징은 17세기 탈성리학적 철학사상 조성에 끼친 선구적 역할이었음에 틀림없다. 완고한 성리학자들이 볼 때 감정을 상하게 할 정도의 비판을 한 것 또한 부인할 수 없다. 하지만 그의 작업은 어디까지나 '학문세계'에서 이룬 것일 따름이다.

사문난적의 낙인도 옹졸한 처사지만, 목숨까지 잃도록 한 것은 잔인한 당쟁의 폭압이자 폭거가 아닐 수 없다. 그것은 한 학자에 대한 더할 수 없는 불행이고 비극이었다. 하지만 한 시대사조의 향방을 전환시킬 단초를 튼 점에서 그 불행과 비극은 오히려 측량할 수 없는 '위업'에 대한 '역리적逆理的 대우待遇'였을 따름이다.

제4편

8. 후기 실학이 받은 서학의 영향
   —인간관과 천체관의 경우—

9. 한 선구적 북학자의 실학사상

8. 후기 실학이 받은 서학의 영향
—인간관과 천체관의 경우—

1) 서학의 의미와 그 전래

천주교는 전래될 초기 '서학西學'으로 일컬어졌다. 그즈음 유학자들은 천주교 외에도 서구문물 전반을 관심의 대상으로 삼았다. 그 궁금증 같은 관심은 다분히 '학문적 관심'이었다. 바로 이런 성격에서 사용된 용어가 서학이었다. 비록 천주교가 가장 큰 비중을 차지했지만, 서학 용어에는 그 못지않게 서구의 학술, 과학, 기술, 병기, 병력, 지리 등의 범위에 걸친 의미가 내포되었음도 부인할 수 없다. 이런 의미의 광범함은 천주교를 접촉하지 않은 유학자까지도 천문, 지리, 역산 등의 분야에 지적 호기심을 쏟은 학자들이 많았던 사실과 무관하지 않았던 것 같다. 유학자 중에도 상당수의 후기 실학자들이 그런 인물들이었다. 실학자들 도두 그렇지는 않았지만, 그런 인물 중에는 실학자들이 대부분이었다.

이익만 해도 천주교의 종교적 측면보다는 천문, 지리, 역산, 의학 등에 대한 관심에서 서학을 탐구한 학자이다. 그 제자인 신후담愼後聃(1702~1761)

과 안정복은 오히려 천주교 배척에 철저했던 이들이다. 뒷날의 대표적 실학자 정약용은 학문적 관심이었다가 점차 신앙 차원에까지 든 인물로 꼽힌다. 같은 서학에 대한 대응이라 해도, 학자에 따라 이렇게 달랐다. 분명한 것은 전래된 천주교마저 처음에는 먼저 '학문적으로 익히기'로 시작한 사실이다.

천주교의 전래부터 알아보자. 천주교가 처음 알려진 것은 예수회 선교사인 리치(Matteo Ricci, 중국명 利瑪竇) 등이 중국에 들어와 활동을 시작한(1583년 입국하여 1601년 북경에 南堂교회 세움) 16세기 말~17세기 초였다. 천주교의 내용이 알려지기 시작한 것도 리치의 『천주실의天主實義』가 1603년 북경에서 간행되자, 곧 이수광, 유몽인柳夢寅(1559~1623) 등이 읽고부터였다. 이수광은 이 무렵 『교우론交友論』도 읽었다고 전해진다. 한국에 이 서적들이 들어온 것은 1615년 허균許筠(1569~1618)이 춘추사로 북경에 다녀오면서 『천주실의』 등을 가져온 것이 기록상 최초라고 알려졌다. 다만 이 책(『천주실의』)의 간행과 전래에 시차가 나게 된 까닭은 분명하지 않다. 이 무렵(곧 17세기 초)이 천주교 한국 전래의 초기라는 사실만 분명하다.

이로부터 18세기 중엽까지 천주교에 대한 조선 성리학자들의 대응은 주로 지적 호기심에 따른 학습이었다. 천주교의 교리 파악의 연구에 무엇보다도 열중했다. 이 무렵(17세기 초부터 18세기 중엽까지)에 들여온 서학 서적은 앞 두 책 외에, 『직방외기職方外紀』, 『주제군징主制群徵』, 『기인십편畸人十篇』, 『만물진원萬物眞源』, 『삼산논학기三山論學記』, 『기법記法』, 『성세추요盛世芻蕘』, 『진도자증眞道自證』, 『칠극七克』, 『영언여작靈言蠡勺』 등 꽤 많았다.

당시 유학자 가운데 이것들을 가장 많이 독해한 학자는 실학자인 이익이었다. 그가 읽은 책만 해도 『천주실의』, 『천문략天問略』, 『직방외기』이고, 그 밖에 간접으로 인용한 것으로 『주제군징』, 『기하원본幾何原本』, 『간평의설簡平儀說』, 『곤여도설坤輿圖說』, 『혼개통헌渾盖通憲』, 『시헌력時憲曆』, 『칠극』, 『영언여작』 등이 있다.[1)]

이익은 이 책들을 통해 천주교에 대해 얼마쯤 알게 되었지만, 그 천주교에 대해서도 그의 관심은 끝내 지식 추구의 성격에 머물렀다. 그가 심취한 분야는 천문, 역산, 지리 등 '서구과학'에 관한 새로운 지식이었다. 그 과학 이론의 연구와 수용에 그는 매우 개방적 태도를 보였다. 서학에 대한 그의 새로운 '선진적이고도 이채로운 지식'이 그 본래의 박학博學에 실속을 더하게 되었다. 보기에 따라서는 그의 박학 추구 성향이 서학 포용의 계기이자 원인이었다고도 할 수 있다. 이러한 이익의 경우에 초점을 두고 그의 학문을 구체적으로 살피겠다.

2) 이익의 학문적 개방 태도

이익은 당시 당쟁의 폐해를 입은 사람 중 하나였다. 그의 출생지가 평안도 운산雲山으로 된 것 자체가 그의 부친(梅山 李夏鎭)이 남인으로 대사헌을 지내다가 그곳으로 유배 당한 뒤 사망한 곳이었기 때문이다. 부친 사망 후 몰락해 가던 집안에서 그는 25세 때 과거(增廣試)에서 낙방하고, 그에게 글을 가르쳤던 중형(潛)도 장희빈 사건을 둘러싼 당쟁에서 장살되

1) 李元淳, 「星湖 李瀷의 西學世界」, 『教會史研究』 1(1973) 참조.

었다. 이러한 환경은 그의 벼슬길을 단념케 했고, 83세(1763)로 사망할 때까지 평생 초야에서 학문만 하게 했다.

그 불우함이 오히려 그의 학문을 위해선 다행이었다고 할 수 있다. 그는 부친이 연행사燕行使로 중국에 다녀올 때(숙종 4, 1680) 사 온 많은 서적들을 통해 당시 새로운 학풍과 지식의 습득에 남보다 앞서게 되었다. 이황의 덕성을 숭배하고 허목의 학술을 사숙하는 한편, 이이와 유형원의 개혁사상을 존숭해 마지않았다. 선학들의 영향을 받은 그는 성리학의 기초 위에서 손에 닿는 서적들은 모두 섭렵하다시피 해, 마침내 그의 백과전서 같은 박학의 풍모를 이루었다.

그의 박학은 경經, 사史, 자子, 집集을 비롯해 천문, 지리, 역산曆算, 의약, 복서卜筮, 도량度量, 병기兵器, 그리고 중국을 통해 들어오던 당시 서구과학 도서와 천주교 서적까지 포함한 것이었다. 서학 수용 초기의 동서고금 서적을 거의 망라한 정도이다. 이는 그의 저서로도 대강 확인된다. 예로, 이황의 수양과 언행을 담은 『이자수어李子粹語』와 이황의 예설을 뽑아 『이선생예설李先生禮說』을 엮었고, 자신의 사단칠정설인 『사칠신편四七新編』을 지었다. 그의 성리학적 입장과 성향이 이 서적들에서 드러난다. 그는 성리학의 '심성 수양'을 특별히 중요시했고, 수양을 바탕으로 한 '예의 실천' 또한 소홀히 하지 않았다. 성리학에 대해서는 더 이상의 이론 추구를 하지 않은 편이었다.

다른 한편 이익은 70권 20책에 이르는 방대한 문집文集을 남겼다. 문집 외에도 박학다식을 바탕으로 총 3,057건의 각종 사물의 특성과 개혁을 논한 유명한 저서 『성호사설』이 있다. 세금, 부역, 과거제, 토지제, 붕당 등의 개혁설을 담은 『곽우록藿憂錄』도 그의 저작이다. 이 밖에도 그의 저술은 참으로 다양하다. 『자복편自卜編』, 『향거요람鄕居要覽』, 『동국악부東國樂府』, 『가례익家禮翼』, 『상척전후록喪戚前後錄』, 『관물편觀物編』, 『도보稻譜』, 『백언해百諺解』 등이 그것이다. 이 모든 저작 내용은 그 시대에 마주한 현실적 제약과 모순으로 작용한 각종 법제에 대한 대안代案으로서 가치를 지닌다. 이익이 지향한 민본 · 위민 정신의 표출이라는 의의 또한 함께 지녔다.

이익의 학문 특성은 그의 본격적인 유학 연구 과정에서 지은 일련의 '질서疾書'로 잘 나타났다. 이는 그가 33세 이후 약 20여 년 동안 유학 경전들에 대한 자신의 견해를 기술한 것이다. 그 질서들에는 선유先儒에 맹종하지 않고 창출한 그의 독창성이 깃들었다. 그런 만큼 질서를 제외하고는 이익의 유학—특히 성리학—은 정확히 인지할 수 없다. 『논어』, 『중용』, 『대학』, 『맹자』에 대한 '사서四書 질서'와 『시경』, 『서경』, 『예기』인 '삼경三經 질서', 그리고 『소학』, 『효경』, 『근사록』, 『심경』, 『가례』 등에 적용된 질서, 합계 '12종류의 질서'가 모두 그러한 성격으로 되었다.

이익의 해명으로, 그의 질서疾書는 "깊이 숙고하지 않았으나, 얼핏 떠오른 생각을 잊지 않기 위해, (매번) 즉시 적어 놓은 글"이다. 하지만 이것이 간단한 쪽지 글로 가볍게 적은 사유들이 아님에 유의해야 한다. 질서의 내용을 보면, 주희 등 성리학자들이 내린 '경전 해석'을 비판적으로 검토한 견해이다. 그런 만큼, 거기에는 그만의 독특한 사상이 잠유한다. 그 질서에서 기존의 성리학에 맹종하지 않는 '그의 탈성리학적 태도' 곧 '후기 실학의 사유'가 싹트고 있음을 우리는 발견하게 된다.

17~18세기는 되풀이하지만, 주희의 경전해석설에서 조금이라도 벗어

나면, 윤휴와 박세당처럼 목숨까지 잃던 시기였다. 이런 점을 고려하면, 이익이 경전 연구에서 '질서疾書'에 머물고 성리학설에 대한 적극적인 비판을 하지 않았음은 일종의 '보신 수단'이 아니었나 하는 추측을 낳는다. 하지만 그 정도나마 비판적 견해를 보인 것은 그의 학문적 개방성과 통하는 태도일 것이다.

성리학 외의 사상을 배척하지 않고 수용한 태도를 이익은 '공자孔子의 학문관'으로 정당화했다. 그에 따르면 일찍이 공자는 이단을 논하길, 비록 경계는 했지만, 엄격히 배척하지 않은 채 "볼만한 소략한 사상(小道) 쪽에 두었다"[2]는 것이다. 이단 배척을 심하게 하지 않아도 무방하다고 여긴 사유의 변이다. 그런 사유의 영향이었던지, 노장과 불교 사상을 적극 배척한 당 말의 한유의 —'原道'에 보이는— 태도를 성리학자들은 마치 본보기처럼 따랐지만, 그는 그렇게 하지 않았다. 그는 오히려 이단 배척에 열의를 높이던 당시의 성리학자들에 대해 그들이 "과연 성리학을 붙들어 일으켜야 하고 불교를 배척해야만 하는 까닭을 명확히 아는지 모르겠다"[3]고 비판했다.

이익은 오히려 노장과 불교에도 장점이 있음을 긍정했다. 노장의 도인道人과 불교의 승려(佛僧)들이 속된 이기적인 욕구를 단절하고 청정하게 살려는 태도를 그는 높이 평가했다.[4] 이는 당시 성리학자들로는 상상조차 할 수 없던 견해이다. 바로 이것이 이익의 학문상으로 보인 '개방적

---

2) 李瀷, 『星湖僿說』, 人事門, 「異端」.

3) 앞 책, 人事門, 「俗儒斥佛」.

4) 앞(각주 3)과 같음.

태도'의 확실한 증거이다. 아울러 '서학'을 누구보다도 앞서 적극 접촉하면서 그가 '학문적으로 수용'하게 된 배경이기도 하다.

이익에 있어 서학의 학구적 수용은 물론 '서학의 장점 발견'으로 내린 태도였다. 이익의 서학에 대한 견해를 신후담은 다음과 같이 전한다.

> …… 이러한 것들은 불교와 약간 같지만, 불교는 적멸寂滅일 뿐인데, 서학(泰西之學)에는 실용적인 데(實用處)가 있다.[5]

> 내가 실용이라 한 것은 그 『천문략』, 『기하원본』 같은 것인데, 이는 옛사람들이 밝히지 못한 것을 밝힌, 취택하면 세상 다스리는 데 크게 유익한 것이다.[6]

여기 '불교와 약간 같다'고 한 것은 죽은 뒤의 '천당과 지옥'의 언급을 가리킨다. 이것들은 물론 이익으로서는 긍정치 않은 부분이다. 하지만 '천문'과 '주산법'은 유학자들이 이용해야 한다고 판단한 분야였다. 사실 서구 역법을 따른 시헌력時憲曆은 이 무렵 중국을 거쳐 한국에서 (효종 이후) 사용했으므로 그의 판단은 현실과도 부합했음을 본다.

시헌력에 대한 이익의 견해는 확고했다. 그에 따르면, "시헌력은 탕약망湯若望(Adam Schall)이 만든 것으로, 이로써 역법은 극치에 이르렀다. 일식과 월식이 조금도 다르지 않다. 성인聖人이 다시 나와도 반드시 이를 따를 것이다"[7]라고 신뢰한 정도였다. 하지만 다음 발언과는 약간의 차이가 있

5) 愼後聃, 『河濱全書』, 하, 『遯窩西學辨』, 紀聞編.
6) 앞(각주 5)과 같음.

었던 것 같다. 이를 가리켜 "인력人曆이지 천력天曆은 아니라"[8]고 하였기 때문이다. 서학에 대한 부분적 우수성만 인정했다고 보인다.

하지만 이익은 신후담에게 "서학을 가볍게 보지 말라"고 충고했다.[9] 더욱이 그는 서학 가운데 종교의 핵심인 '천주天主의 이론'은 성리학자가 다루기에 매우 민감한 문제였음에도 간과하거나 배척하지 않았다. 그 이론이 "애매하기는 하지만, (유교) 경전에 게재된 상제上帝와 귀신鬼神 이론으로 본다면, 그 또한 서로 연관될 이치가 있다"고 했다.[10] 서학에 대한 이익의 열린 자세는 이에서 매우 극명해진다. 그는 비록 천주교를 신앙하지는 않았지만, 천주를 유학의 상제에 빗대어 그 유사성을 인정했다. 이 점은 그가 불교의 장점을 인정하면서도 그것을 믿지 않았음과 같다. 불교와 천주교에 대한 그의 개방은 어디까지나 '학문 차원'에서 취한 태도였다. 그것은 이익이 택한 하나의 '박학적 개방'에 속한 것이었다고 하겠다.

3) 서학 중 천체관의 수용

서학의 경우에 보았듯이 이익은 유용성을 지닌 데다가 타당하다고 판단되는 이론이나 사상이면 수용하길 주저하지 않았다. 그 대표적인 사례가 또 서구의 천체관天體觀과 뇌수설腦髓說이다. 서학을 접하기 이전, 이익

---

7) 李瀷, 『星湖僿說』, 天地門, 「曆象」.
8) 앞 책, 天地門, 「時憲曆」.
9) 앞(각주 8)과 같음.
10) 愼後聃, 『河濱全書』 하, 『遯窩西學辨』, 紀聞編.

의 천체관은 본래 성리학자들의 그것과 별로 다르지 않았다. 성리학자들의 개천설蓋天說과 혼천설渾天說을 그는 다만 '혼개설渾蓋說'이라 합칭하면서 필요에 따라 언급했다. 이것들의 특징은 "하늘은 둥글고 땅은 모나며(天圓地方), 하늘이 돌고 땅은 움직이지 않는다(天動地靜)"는 것이다. 이것이 천체에 대한 이익과 성리학자들의 기존 관념이었다.

이익은 『천주실의』를 비롯해 샬(Adam Schall, 중국명 湯若望)의 『주제군징』, 디아즈(Emmanuel Diaz, 중국명 陽瑪諾)의 『천문략』의 영향을 받아 '땅덩이가 둥글다는 지구설地球說'을 받아들였다. '땅덩이가 움직인다는 지동설地動說'도 어느 정도 시인하려 했던 듯하나 확실치 않다. 물론 대부분의 성리학자들은 이런 이론을 단호히 부정했지만, 이익은 그렇지 않았다. 본래 혼천설도 땅덩이를 '달걀 같은 타원형'으로 생각했지, 완전한 네모라고 생각하지는 않았다. 이런 사유의 영향이었던지, 그는 새로운 지구설을 쉽게 받아들였다. 지구설의 수용으로 그는 성리학자들의 그 방면의 사유 세계에서 일단 벗어났다.

다음은 하늘과 땅에 대한 그의 구체적인 사상이다.

> 땅(地)은 하늘의 중심에 있고, 하늘의 절반이 땅 위로 나온다. 땅의 두께는 3만 리이니, 사람이 사는 곳(지표)은 땅 중심과 1만 5천 리 거리이다.[11]

이익이 무엇을 기준으로 지구의 직경을 셈했는지 분명치 않다. 다만 이 글은 '땅덩이가 둥글다'는 지구地球의 구형 관념을 수긍하고 난 뒤의

11) 李瀷, 『星湖僿說』, 天地門, 「日出入」.

사유인 것만은 분명하다. 흥미로운 것은, 서구인들의 이론임을 앞세워 구형체球形體인 "지구 아래 반대편에도 사람이 산다"는 신념을 가졌다. 그리고 반대편 사람이 (그렇게 있어도) 떨어지지 않음을 인력引力 개념 없이 논한 점이다. 그는 '지심地心'을 전제로 모든 사물이 지구 중심의 지심에로 쏠리게 마련이라는 식의 주장을 했다.12) 이 주장은 좀 애매한 해명이지만, 개미가 천정에서 떨어지지 않는 사례로 설명하는 방법보다는 조금 진척한 것이라 하겠다.

지동설에 대한 이익의 견해는 불분명하다. 그는 지구가 조금도 움직이지 않는다고도 하고, 또 움직일 수 있겠다고도 했다. 배를 타고 갈 때 주변이 움직이는 듯이 여겨지는 사례를 드는데, 이런 비유는 지동설에 해당할 것이다.13) 하지만 그는 또 장자莊子가 일찍이 「천운편天運篇」에서 '하늘이 움직이는지 땅이 움직이는지' 의문을 제기했음을 떠올리면서,14) 이에 대한 판단을 결국 보류했다.

서학의 우주관 중에서 이익이 가장 크게 영향 받은 것은 천체관天體觀인 것 같다. 그것은 하늘과 지구의 구조와 동태 및 그 관계를 논한 이론이어서 자못 흥미롭기도 하다. 그에 따르면 천체관은 여덟 가지이다. 개천설蓋天說, 혼천설渾天說, 선야설宣夜說, 흔천설昕天說, 궁천설穹天說, 안천설安天說, 방천설方天說, 사천설四天說이 그것이다. 그는 이것들 하나씩만으로는 충분치 못하다고 했다. 이것들은 부분적으로만 맞는 것이어서, 여덟 가지

12) 앞 책, 天地門, 「地球」.
13) 앞 책, 天地門, 「泛海陸行」.
14) 앞 책, 天地門, 「天問天對」.

모두를 종합해야 한다고 주장했다.[15)]

위의 천체설은 동아의 전통적 천설을 이익이 정리한 것이지만, 선교사들의 책을 통해 과거 서구에서 이룩한 논천설論天說도 그는 알게 되었다. 한 예로 그가 소개하는 구중천설九重天說이 그런 것이다. 이는 지구를 둘러싼 하늘이 하나가 아니고, 아홉 겹(九層)으로 되었다는 이론이다. 그에 따르면 원래 구중천은 중국 굴원屈原의 『천문天問』에도 나오지만, 분명히 명시된 이 이론은 서구 천문관에 따른 것이라 했다. 사실 구중천설은 『천주실의』에도 나올 정도로 서구 천체관의 기본 이론처럼 된 것이다. 이익은 서구 사상으로는 해와 달과 오성五星, 그리고 경성經星이 도는 '각각의 하늘 밖에 또 하나의 하늘'이 더 있다면서, 이를 종동천宗動天이라 부른다고 소개했다.[16)]

이익은 나아가 십이중천설十二重天說도 언급했다.[17)] 이는 동서세차東西歲差와 남북세차南北歲差를 만드는 하늘이 각각 하나씩 구중천의 종동천 안에 들어 있고, 그 종동천 밖에 영정부동천永靜不動天이 더 있다는 이론이다. 이 또한 선교사들이 전한 서구 이론이지만, 구중천설이나 십이중천설이나 다 이미 서구 과학계에서는 부정되었던 '중세의 이론'에 지나지 않았다.[18)] 이익은 서구 '중세의 천관에 따른 우주관'을 익히고 사실로 믿었다. 그렇다 해도 그의 경우는 기존의 혼개설 등에 의지해 왔던 '성리학적 우주관'을 서학의 영향으로 수정했던 것이 이채로운 점이다. 이 점이 곧 하

15) 앞(각주 14)과 같음.
16) 앞 책, 天文門, 「九重天」.
17) 『星湖僿說類說』 상, 天文門, 「十二重天」.
18) 朴星來, 「李瀷의 西洋科學 수용」, 『김홍배 고희기념논문집』(1984) 참조.

나의 '과도기적인 사상 전환'이었음 또한 부정할 수 없다. 이것은 그 나름의 서학 수용의 한 단면이었을 따름이다.

4) 서학 중 인간관의 수용

이익이 서학을 수용하여 기존 사상을 수정한 것으로는 '천체관'뿐만 아니라 '인간관'도 (일부나마) 있다. 이것은 주로 심장心臟을 비롯한 심心과 두뇌 또는 뇌수腦髓의 기능에 대한 것이다. 인체 해부학이 발달하지 않은 당시 기억과 추리에 의한 지식 습득을 뇌腦 아닌 심心의 담당이라 여겼다. 그 시기에 「인체해부도」 등이 담긴 '서구 의학서'가 들어온 한편, 그 인체 각 기능을 논한 샬의 『주제군징』 등을 이익은 읽었다. 기존의 지식에 동요를 일으킨 듯하다. 신후담의 전언으로, 이익은 『천학정종天學正宗』과 『영언여작』을 읽고, 뇌수라든가 삼혼설三魂說(아니마설)에 심취했었다고 한다. 그런 이론에 그가 영향 받았음을 가리킨다.

성리학자들은 방촌方寸이라고도 부르던 '심心'을 의식의 주관처로 여겨 "한 몸의 주재자"(一身之主宰者)라 했다. 그들은 물론 '심'을 '리와 기로 되었고'(理氣之合) '성과 정을 포괄 통섭하는 것'(心統性情)이라고 했다. 아울러 그들은 심의 '허령성虛靈性' 또는 '영명성靈明性'이 지각, 의념, 사려, 지식과 희로애락 등의 정감을 일으킨다고 여겼다. 지식을 쌓고, 당위의 원리를 파악하여 행하게 하는 것이 다 '허령한 심'으로 말미암는다는 것이 성리학자들의 사상이었다.

이익은 심에 대해 몇 가지로 분별했다. 인간의 심을 옛 관습대로 심장과 무관치 않다고 생각했다. 때로 심을 초목 같은 것에도 적용할 경우가 있지만, 그것은 물론 인간의 심과 다르다는 것이다. 초목의 심은 '천지의 심'(天地之心)과 같이 심장이 없는 것으로, 마치 천지가 계절 따라 사물을 생성시키듯, 봄과 가을에 꽃 피고 지는 것(초목의 운용)을 일컬을 따름이다. 심장이 있는 심이라 해도 동물의 경우 또한 인간과 다르다고 했다. 그에 따르면 흙이나 돌 같은 무생물에는 심이 없고(無心), 식물에는 생장성숙하듯 생장의 심이 있지만, 동물에는 생장의 심만 아니라 지각의 심이 더 있다. 인간에겐 이에 더해 도덕 행위를 하게 하는 '의리의 심'(義理之心)이 있다고 했다. 이렇듯 그는 세 종류의 심을 논했다.[19)]

그의 삼종심설을 지난날 학자들은 이익의 '창견'이라 여겼지만, 이를 천주교 특히 『영언여작』의 영향에 의한 '삼혼설의 영향'은 아닐까 추측할 수도 있다. 심心과 혼魂은 불가분의 관련을 지녔다고 여겼기 때문이다. 그리고 곧 살필 뇌에 대한 그의 글에서도 서구학자의 이론임을 앞세워, 초목의 '생혼生魂', 동물의 '각혼覺魂', 사람의 '영혼靈魂'을 언급한 것도 같은 예이다.

다음 글은 뇌腦와 영혼에 대한 이익의 지식을 술회한 것이다.

> 그들(서학자들)의 말로는, 머리가 생명을 받아들이는 근본인데, 머리에는 뇌 주머니(腦囊)가 있어 기억(記含)의 주인이 된다고 한다. 또 이르길, 초목에는 생혼生魂이 있고, 동물에는 각혼覺魂이 있고, 사람에게는 영혼靈魂이

19) 李瀷, 『星湖全書』 2, 「與金上舍仲鎭」, 1062쪽.

> 있다고 한다. 이것이 그 학문을 논한 대요이다. 이는 비록 우리 유학의 심성설心性說과 다르지만, 그렇다고 어찌 반드시 그렇지 않음을 알 수 있겠는가?[20]

기억의 능력을 그는 서학에서 '심의 기능'이 아닌 '뇌 기능'이라고 함을 전하면서 그도 그것을 부정하지 않는다고 했다. 이것이 성리학설과 다름을 잘 알면서도 이 이론이 틀리지 않는 듯함을 지적하여, 기존 심성설의 수정을 불가피하게 여겼음을 본다.[21]

뇌에 관한 그의 글을 더 살피겠다.

> 머리의 근본은 골수骨髓에 있는데 이것을 뇌腦라고 한다. 힘줄은 모두 뇌로 모이고 경락을 따라 두루 퍼져 있으니, 뇌가 한 몸의 주인(腦之一身之主)임을 알 수 있다.[22]

> 외물이 감촉할 때, 사려 없이 곧바로 움직이는 것은 뇌가 하는 것이다. 외물이 감촉하여 그런 줄 아는 것(知)은 심心이다. 그러니 각覺은 뇌에 있고, 지知는 심에 있다. (이렇게 말해야) 그 이치도 옳다.[23]

깨달음(覺)과 앎(知)을 그가 무슨 기준으로 분별했는지 모르겠으나, 이익은 깨달음을 '뇌 기능'이라 하고, 앎은 여전히 (성리학설대로) '심의 기

---

20) 앞 책, 『遯窩西學辨』, 「甲辰春見李星湖紀聞」.

21) 이익 자신은 사실 기억에 대한 성리학설을 수정하고 있었다. 한 예로, 魂魄의 魄이 기억을 담당한다는 주장이 그런 것이다. 곧 "魂은 運用을 주관하고 백은 지나간 기억을 담당한다"는 언사가 그것이다.(『星湖僿說』, 권12, 「魄能藏往」)

22) 李瀷, 『星湖僿說類選』, 「西國醫」.

23) 앞(각주 22)과 같음.

능'이라 했다. 서구과학에 대한 그의 '수용의 한계'가 이런 데서 드러난다. 이런 한계는 성리학적 심성설 수정의 한계인 동시에 그의 새로운 지식의 한계인 셈이다. 하지만 '심을 한 몸의 주재자'로 여기던 그 시대에 '뇌가 한 몸의 주재자'라고 한 것은 새로운 지식으로 이룬 '인식론적 사유의 전환'임에 틀림없다. 이는 이제까지의 '가슴속 심 중심의 인간관'에서 '두뇌 중심의 인간관'으로의 이행이라는 '인간관 변화의 함의'를 지닌다.

의식意識의 주체를 무엇이라 여기는가는 곧 인간 자아의 주체에 대한 사유라는 점에서 중요하다. 비록 '기억의 역할'로 한정할 경우라 해도, 그것을 심의 작용이라 함과 두뇌의 작용이라는 사유의 차이는 결코 하찮지 않다. 이것들을 필자가 '인간관의 범주'로 다룬 이유가 바로 이런 점에 있다. 이익이 서학을 맞아 이룬 그의 천체관과 인간관을 이와 같이 살피면, 그의 유교 철학 또한 수정된 변화의 풍조에서 자유롭지 않았으리라는 추측이 가능하다.

9. 한 선구적 북학자의 실학사상

1) 18세기 후반, 홍대용의 실학

이익의 사상이 18세기 전반기의 사상을 대표한다면, 18세기 후반기 사상은 북학파를 이끈 홍대용에게서 집중적으로 드러난다. 중국 연경을 드나들면서 북학을 통한 서학의 탐지에 앞선 학자로는 박지원도 있었지만, 그보다 홍대용이 조금 더 앞선다.

홍대용의 초학은 성리학으로 출발했다. 그것도 노론의 대가 이원행李元行(1702~1772)의 문인으로 초학을 익혀, 그는 한때 주희-이이-송시열의 학통을 따랐다.[1] 그러나 성리학에 침잠하였을 때에도, 그는 『능엄경楞嚴經』, 『원각경圓覺經』 등 불교 서적을 읽었으며, 양명학陽明學에도 어느 정도 지식을 가지려 했다. 서학에 대해서도 비록 천주교를 불교의 아류처럼 여겨 불신했지만, 서구의 산술과 천문, 과학기술은 높이 평가하면서 산학과 천

1) 성리학을 추종하던 무렵 그는 李珥를 '東方의 大儒'로 섬겼고, 이이의 편술인 『聖學輯要』를 "임금의 귀감임과 아울러 선비의 학문도 이에서 벗어나지 않는다"고 평했다. 그리고 華陽書院의 齋任을 맡을 정도로 宋時烈도 존모했다.

문을 직접 배웠다.

이런 사실은 홍대용도 학문에 있어, 상당히 개방적이었음을 알게 하는 것이다. 그런 개방성으로 해서 그는 성리학계의 폐쇄성을 비판적으로 반성하게 되었다. 성리학계의 "기풍이 폭 좁게 치우쳐…… 지식 추구가 제한되었다"[2]고 비판한 그였다. 성리학계에 대한 이런 태도가 마침내 '그 나름의 탈성리학적 실학 추구'의 결단을 내리게 한 것 같다.

실제로 바람직한 유학을 홍대용은 실학이라 부르면서, 그것을 아래와 같이 서술했다.

> …… 우리 유가의 실학實學은 예로부터 이와 같았다.…… 오직 실심實心 실사實事로 날마다 실지實地를 밟아야 한다. 먼저 이러한 진실된 본령이 있고 난 다음에, 주경主敬과 치지致知라든가 수기修己와 안인安人의 방법이 쓰이는 곳이 있게 되어 헛된 것으로 돌아가지 않을 것이다.[3]

홍대용의 실학은 실심實心 상태에서, 실사實事를 처리하되, 항상 실지實地를 밟아 가는 방식의 유학이다. '실심, 실사, 실지'가 바로 그가 추구한 실학의 핵심적 요건이었다. 안으로 실심을 갖추고, 밖으로 실사를 처리하며, 이들을 실지라는 실제성과 실용성을 갖추려 한 것이다. 이런 실학이라야 수기와 치인이 모두 바람직하게 된다는 것이 그의 신념이었다. 홍대용 실학의 방법론적 가치는 이렇게 세 가지 요건의 발휘로써 수기와 치인 전체를 유용 유효하게 하려는 데 있었다.

---

2) 洪大容, 『湛軒書』, 內集, 권1, 「四書問辯, 寄書杭士嚴鐵橋又問庸義」.
3) 앞 책, 外集, 권1, 「答朴郎齋文藻書」.

이 같은 방법론에서는 폐쇄적 성향이 있을 수 없다. 자기가 만족하지 못하는 성리학을 제외하고는 그 외의 학문들에 적극 개방성을 띠었다. 이것이 새로 알려진 서학에도 그가 눈을 크게 뜬 사상적 배경이다. 사실 그는 북학자답게 '연행을 통해' 새로 들어온 서학을 접하였다. 기존의 지식에 서학의 지식을 더하여 낸 그의 저술은 결코 적은 편이 아니었다.

예로 수학이 중핵을 이룬 『주해수용籌解需用』을 비롯하여, 천문지식을 바탕으로 이룬 철학 내용의 『의산문답』과 「심성문心性問」 등은 그의 선구적 북학자로서의 면모를 확인케 하는 저술이다. 이 밖에 일련의 '문변' 또는 '문의' 이름을 붙인 「소학문변小學問辯」, 「사서문변四書問辯, 문의問疑」, 「가례문의家禮問疑」, 「삼경문변三經問辯, 문의問疑」와 그의 연행록인 『담헌연기湛軒燕記』 등이 있다. 문변, 문의로 된 내용은 그가 경전의 해석을 새롭게 '부분적으로 수정'한 것이고, 연행록 또한 견문기와 함께 학술을 논한 내용으로서 가치를 지닌 기록물이다.

2) 그의 지구설의 사상적 가치

학구열에 차 있던 홍대용이 연경에 간 것은 34세 때(1765년 11월~1766년 봄까지)이다. 그의 숙부 홍억洪檍이 서장관으로 연행하자 그는 군관의 신분으로 따라갔다. 그는 6개월 동안 그곳에 머물면서 그곳의 학자와 선교사(신부)들을 만났다. 그들을 통해 서학 가운데 특히 수학, 천문, 과학기술 등의 우수성을 알게 되었고 그 일부를 습득했다.

이때 그가 만난 중국 학자가 엄성嚴誠, 반정균潘庭筠, 육비陸飛 등이고, 선교사로는 흠천감정欽天監正이던 할러슈타인(August von Hallerstein, 중국명 劉松齡)과 부감副監 고가이슬(Anton Gogeisl, 중국명 鮑友管) 등이다. 중국 학자들과는 성리학과 양명학 및 불교 등에 관한 견해를 나누었고, 네 차례 들른 남천주당南天主堂에서 그는 선교사들과 대화를 나누었다. 아울러 거기서 망원경, 자명종, 풍금 등 서양의 기물을 보았다.[4]

홍대용이 선교사들에게서 습득한 지식 가운데 눈길을 끄는 것은 특히 땅덩이(地塊)가 둥글고(正圓) 저절로 돈다(旋轉)는 '지구설地球說'과 '자전설自轉說'이다. 이는 박성래朴星來에 따르면, 선교사들이 틀렸다고 말한 '그리스의 자전설'을 오히려 자신의 판단으로 올바르다고 한 것 같다지만,[5] 아무튼 이들의 영향으로 그는 나름의 지구설과 자전설을 언급했다.

> 무릇 땅덩이(地塊)는 물과 흙의 질質이다. 그 몸체는 정원正圓인데, 쉼 없이 돌며(旋轉) 공계空界에 떠 있다.[6]

> 무릇 땅덩이는 하루에 한 번 도는데, 땅의 둘레가 9만 리이고, 하루는 12시간이다.[7]

이것들은 오늘날에는 이상하지 않지만, 당시로는 그야말로 '코페르니

---

4) 이상의 사실 특히 서양 신부들과의 접촉이 『湛軒燕記』 중 「劉鮑問答」 등에 상세히 나온다.
5) 朴星來, 「洪大容의 科學思想」, 『韓國學報』 23집(1981).
6) 洪大容, 『湛軒書』, 內集, 補遺, 권4, 「毉山問答」.
7) 앞(각주 6)과 같음.

쿠스적 전회'라고 해야 할 파격적 지식이었다. 그때까지 그는 혼개설渾蓋說에 입각하여 천체를 이해했기 때문이다. 물론 지구설은 홍대용의 선배인 이익도 이미 언급했지만, 이익은 홍대용처럼 상세히 논급하지 않았다. 홍대용은 어떤 것을 근거로 했는지, 지구 둘레의 길이, 그 돌기에 걸리는 시간(하루), 그리고 그 '둥근 모양이 지닌 의의' 등을 논했다.

> 중국은 서양과 경도經度의 차가 180도에 달하여, 중국인은 중국을 정계正界로 하고 서양을 도계倒界로 한다. (하지만) 서양인은 서양을 정계로 하고 중국을 도계로 한다. 실은 하늘을 이고 땅을 밟고 서면 그에 따르는 계가 다 그렇게 된다. 횡橫과 도倒를 가릴 것 없이 정계이기는 다 마찬가지이다.[8]

> 하늘에서 보면 어찌 안과 밖의 분별이 있겠는가! 이런 까닭에 각기 제 나라 사람을 친하고 제 임금을 받들고 제 나라를 지키면서 제 풍속을 좋아하기는 화이華夷가 한 가지이다.[9]

지구가 둥글기 때문에 사람이 서 있는 곳이면 '그곳이 정계正界'라고 할 수 있다. 미리 정해진 일정한 정계나 도계倒界가 언제까지나 고정된 듯 인정받을 수 없다. 중국인이 중국을 기본으로 하여 정계로 삼았듯, 다른 나라 사람들도 '그들 사는 곳을 기준으로 정계正界라 또는 안(內)이라 할 수 있다'는 것이 홍대용의 견해이다. 따라서 중국인들이 자기들을 중심으로 하여 주변 나라를 오랑캐라 하던 이른바 '화이관華夷觀' 도한 타당시될

8) 앞 책, 內集, 補遺, 권4, 「毉山問答」.
9) 앞(각주 8)과 같음.

근거가 없다는 것이다.

지구의 둥글기로 판단하면, '무내외無內外', '무화이無華夷'라는 것이 홍대용의 주장이다. 이로써 과거부터 당시까지 이어 오던 중국 중심의 '중화주의中華主義'가 그에 이르러 드디어 극복되었다. 이제는 '한국 중심의 주체적 사유', '민족적 자긍심의 각성'을 하게 된 것이다. 이는 서학의 천문설 일부를 습득하여 한국인이 이룬 '각성적 사유', 곧 서학의 수용에 의한 한 가지 '사상적 가치'라는 평가를 가능케 하는 것이다. 중국을 기준으로 한 중국 본위의 구시대적 중화주의를 탈각한 한국인의 새로운 사상 형성 사례이다. 이는 과거의 역사적 원한을 거두고 청나라 문명 중에서 우수한 것이면 배우자는 북학北學의 여정에서 습득한 '자주적 민족의식의 각성'이다. 이것만으로도 북학의 가치는 결코 얕잡아 평가할 수 없게 된다.

3) 성리학의 근본 철학에 대한 부정

홍대용은 성리학에 대한 비판을 광범하게 폈다. 앞(7장)에서 살핀 박세당 이후 철학 측면에서 성리학을 가장 철저히 비판하고 부정한 학자다. 그는 성리학을 비판 부정한 데서 그치지 않았다. 자신의 견해로 그 미비한 점을 수정 보완하려고도 했다. 그의 이런 작업에는 그 나름의 '기론氣論'의 뒷받침이 있었다. 이런 점이 박세당의 경우와 다르며, 그 뒤 정약용 철학에도 얼마큼 영향을 주었으리라 추측된다. 성리학에 대한 그의 사상은 대체로 아래와 같다.

첫째, 그가 성리학 이론을 부정하는 시각에서 그것을 수정한 것부터 살피겠다. 성리학에서는 인격신으로 섬기던 상제上帝, 천天(하느님)을 리理 개념으로 원리화하여 "천은 곧 리(天卽理)다"라는 명제로 나타냈다. 하지만 홍대용은 이를 따르지 않았다. 그는 천을 허공虛空이라든가,[10] 은하를 포함한 우주 공간(空界) 또는 극히 드물게는 '자연自然'이라 하면서, 일종의 '허기虛氣' 또는 '청허한 기'(晴虛之氣)라 했다.[11] 이런 기는 물론 만물을 형성하는 재질이므로, 그 재질 의미에서 "천은 만물의 조상"(天者萬物之祖)[12]이라고도 했다.

둘째, 우주의 궁극적 근원으로 간주한 성리학 개념에는 또 '태극太極' 또는 '천명天命'이 있었고, 이것들마저 '리理'로 환원하여 사용했다. 이 사유는 리理를 실재시하면서, '당연當然' 의미의 도덕 원리인 동시에, 모든 운동 또는 생성의 원인 의미의 '소이연所以然' 또는 '소이연지고所以然之故'라고 해석한 데 근거했다. 따라서 "리는 기보다 앞선다"(理先氣後)라든가, "리가 기를 생한다"(理生氣)라 했다. 이런 점에서 우주는 '하나의 리가 다양하게 분화된 것' 곧 "리일분수理一分殊"라고 표현했다.

하지만 홍대용은 태극, 천명을 리라 여기지 않았다. 우주를 '리의 한 체계'처럼 표현하는 사상도 다 부정하였다. 그에 따르면 "천지에 꽉 찬(充塞) 것은 '기'일 뿐이고, '리'는 그 가운데 있다"면서, "리는 기의 작용을 따를 뿐(隨氣之所爲而已)이다"[13]라고 했다. 그의 이런 점은 '리'는 '기의 작용

10) 洪大容, 『湛軒書』, 內集, 補遺, 권4, 「毉山問答」.
11) 앞(각주 10)과 같음.
12) 앞(각주 10)과 같음.
13) 앞 책, 內集, 권1, 「心性問」.

에서 있게 되는 질서 조리'라는 서경덕徐敬德과 같은 사유이다. 그는 어디까지나 기의 입장에서 정주계 성리학 개념과 명제들을 부정했다. 그에 있어 '리'는 결코 실재하는 것이 아니므로, '리가 기를 생한다'느니, '리가 기를 주재한다'는 명제가 다 부정될 수밖에 없었다.[14)]

셋째, 기 자체에 대한 견해를 보자. 성리학에 있어 기는 음양陰陽과 오행五行(곧 金木水火土)을 가리킨다. 오행은 기본적 기인 음양보다 무거운 질質로서의 기라고 했다. 다 기라고 하더라도 엄격히 논할 때의 기는 질과 함께 경중輕重, 청탁淸濁, 순잡純雜, 정조精粗의 차이가 난다는 것이다. 아무튼 질과의 차별이 없더라도, 기는 집산集散, 승강乘降, 굴신屈伸, 왕래往來의 운동하는 특성을 지녔다. 심지어 생멸生滅의 특성도 있다고 한 성리학이다.

기에 대해 홍대용도 이 같은 점을 대체로 인정하지만, 기의 생멸성 소유만은 부정했다. 그 또한 (서경덕처럼) 본연의 기를 태허太虛로 간주했지만, 태허를 선천先天이라고 하지는 않은 점이 독특하다. 그에 있어 태허는 태양에 비유되거나, 지구와 유성 및 은하를 포괄한 '극대화 된 허공虛空'일 따름이다.[15)]

홍대용은 무엇보다도 음양오행의 이론은 예로부터 (성리학의 그것에 비유되는) 다른 명칭의 것들이 있었음을 지적했다.[16)] 아울러 성리학의 음양오행설을 마침내 부정하고 자신의 것을 상정했다.

---

14) 앞(각주 13)과 같음.
15) 앞 책, 內集, 補遺, 권4, 「毉山問答」.
16) 虞夏 때는 水火木金土穀의 六府를 말했고, 『周易』에서는 天地火水雷風山澤의 八象을 말한 것을 지적했다.

비록 양陽의 종류가 여러 가지 있지만 다 불(火)에 근본 했고, 음陰의 종류가 여러 가지 있지만 다 땅(地)에 근본 했다. 옛사람들이 이것을 깨달아 음양의 설이 있게 되었다.…… 그 근본을 미루어 보면, 햇볕인 일화日火의 얕음(淺)과 깊음(深)에 속할 뿐, 후세 사람들의 말처럼 천지 사이에 따로 음양 두 가지가 있어서 때에 따라 나타나고 숨으며, 조화造化를 주관하는 것이 아니다.[17]

…… 그러므로 오행의 수數는 원래 고정된 이론이 아니다.…… 무릇 화火는 태양이고, 수水와 토土는 지地이다. 목木과 금金 같은 것은 해와 땅의 기로 말미암아 생성되므로, 당연히 위 셋과 더불어 병립할 수 없다.[18]

홍대용에 따르면, 음양은 땅과 불에 근본 한 것으로, '햇볕(日火)의 낮음과 깊음'에 따라 생긴 개념이다. 햇볕이 덜 드는 그늘이 음陰이고 햇볕이 많이 드는 데가 양陽이다. 음양을 두 가지 별개가 아닌 '햇볕 하나의 양면'이라 수정한 것이 그의 이론이다. 그리고 오행의 수효도 원래 다섯으로 고정되지 않은 것임을 지적했다. 해와 땅의 기운으로 말미암아 생겼다면서, 목木과 금金은 별도로 셈할 것이 못 된다고 주장했다. 오행은 '화火, 수水, 토土'로 충분하다. 이처럼 기존의 오행설을 그는 '삼행설三行說'로 수정했다.

넷째, 성리학에서는 당연(所當然)이 곧 선善이라는 의미에서 실재하는 리理를 귀하다고 했다. 반면 기氣에 대해서는 천하다고 "리귀기천理貴氣賤"이라 했다. 아울러 성性 또한 이와 환치될, 동일한 것이라 여겨 '성즉리性卽

17) 앞(각주 15)과 같음.
18) 앞(각주 15)과 같음.

理'라는 명제를 냈다. 그 이유는 천 또는 천명을 리라고 한 사유를 앞세우면, 『중용』의 "천이 명한 것을 성이라 한다"(天命之謂性)는 사유와 연결되어 "리와 성이 같다"고 하게 되었기 때문이다.

하지만 홍대용은 '리귀기천'부터 부정한다. 이유는 리는 실재하지 않고, 기는 자연한 것일 따름이기 때문이다. 또 성과 리를 동일시한다 해도, 그는 "성은 다만 일신을 포함한 모든 물체의 이치를 총칭하는 것"(一身之理, 物之則)[19]이라는 점에서 그것을 인정할 따름이다.

> 천天에 있어서는 리理라 하고, 사물(物)에 있어는 성性이라 한다. 천에서는 원형이정元亨利貞이라 하고, 물에서는 인의예지仁義禮智를 말하는데, 그것들이 실은 하나다.[20]

홍대용은 '성과 리'를 다 '법칙'인 점에서만 서로 같다고 여겼다. 이 밖에 성리학의 구체적 심성설에 대한 명제 대부분을 그는 부정했다. 설혹 그런 것들을 그가 사용할 경우마저 내용은 다른 의미임에 유의해야 한다.

이로써 성리학의 기본 개념과 주요 명제들을 홍대용이 대부분 부정한 사실이 거의 다 밝혀진 셈이다. 그가 비록 성리학에서 사용하는 용어들로 자기의 이론을 제시했더라도, 그 내용의 의미는 성리학의 범주에 들지 않음이 이로써 분명해졌다. 기본 개념과 주요 명제를 달리한 철학이란 결코 '같은 철학일 수 없음'은 말할 나위 없다. 성리학과 후기 실학은 이런 점

19) 앞 책, 內集, 권1, 「心性問」.
20) 앞(각주 19)과 같음.

에서도 서로 다른 것이다.

4) 새로운 우주관과 인간관

우주 자연에 대한 홍대용의 이론을 살피겠다. 앞 절로 보아, 그는 자연이 기氣로 이루어졌다고 할 것은 분명하다. 그런데 그 기를 음양이나 오행과 연결시킨 이론은 좀 애매했다. 음과 양을 각각 땅과 불로 말미암은 것이라고 하고서, 근본에서는 햇볕(日火)으로 말하게 되는 것, 곧 햇볕의 짙고 옅음이라고 한 주장이 그렇다. 오행을 불火, 수水, 토土 셋인 삼행으로 족하다는 설명은 근거가 있다고 하더라도, 음양과 삼행과의 관계에 대한 해명은 없었다.

아무튼 그의 주장을 따른다면, 자연은 삼행의 기인 화(특히 日火), 수水, 토土로 이루어졌다는 것만은 분명하다. 그렇다면 이 셋을 이루는 기 자체는 태초에 어떻게 생성되었는지가 더 근본 문제이다. 그는 원래 기에 의한 태초太初인 '개벽開闢'은 부정했다. 그 대신 다음과 같은 주장을 하고 있다.

> 기의 근본을 논한다면, 그것은 담일湛一(매우 맑음)하고 충허沖虛(비었음)하여, 청탁淸濁으로 말할 수 없다. (그런데) 그것이 승강昇降 비양飛揚 상격相激 상탕相蕩하여, 찌꺼기와 나머지가 생김에 고르지 않게 되었다.[21)]

21) 『湛軒書』, 內集, 권1, 「心性問, 答徐成之論心說」.

> 만물의 생성은 반드시 먼저 기氣가 있은 다음에 질質이 있게 된다. 이것이 천天이 생기고 지地가 이루어지는 까닭이다.[22]

> 물체(物)가 생기는 시초에는 (기의) 경청輕淸한 것을 앞세우고 중탁重濁한 것을 뒤로하는 이치가 매우 확실하다. 수화水火가 먼저이고 목금이 뒤임이 옳다. 오직 토土가 생기지 않으면 목금은 의지할 곳이 없으니, 토 이후에 그것들이 생김은 필연이다.[23]

이로 미루면 본래 '하나의 청허한 기'가 있다가, 그 자체의 운동으로 탁濁하고 무거운 질質이 생긴 다음, 그 탁한 질이 천天과 지地 또는 토土가 이루어졌고, 그런 뒤에 수화水火가 생겼다는 사유로 정리된다. 이것이 이를테면 홍대용의 태초 곧 우주의 원초적 생성 이론인 셈이다. 홍대용은 삼행인 셋 가운데서도 물(水)과 불(火)을 가장 기본적 요소라고 생각했다. 그에 따르면, "태허太虛는 물의 정精이고, 태양太陽은 불의 정이며, 지의 세계(地界)는 물불의 찌꺼기(渣滓)다."[24]

이것이 바로 그 '원초적 생성론의 보유'인 셈이다.

이 같은 자연관과 연결하여 이룬 그의 인간관은 어떤 것이었나? 홍대용의 인간관을 이해하기 위해서는 먼저 성리학자들의 인간관을 살펴야 할 것이다. 그것이 인간에 대한 그의 이론의 사상사적 위상까지 알 수 있게 될 작업이다.

성리학자들의 인간관을 대표할 만한 사례를 들겠다. 전통적인 천체관

---

22) 앞 책, 內集, 권1, 「周易辨疑,啓蒙記疑」.
23) 앞(각주 22)과 같음.
24) 앞 책, 內集, 補遺, 권4, 「毉山問答」.

과 연결된 조선 성리학자들의 인간관은 특히 16세기 정지운鄭之雲(秋巒, 1509~1561)의 「천명도天命圖」에서 잘 드러난다. 거기에는 하늘과 땅의 둥글고 모난 모양을 그린 다음, 인간의 머리와 발을 각각 둥글고 모난 형상으로 그렸다. 이는 인간이 하늘과 땅의 자식임을 지적한 내용이다.

그 인간의 도형 양편에는 '곧바르게 서는(直立) 인간'에 견준 동물의 '옆으로 사는 모양'(橫生)과 식물의 '뿌리 내려 사는 모양'(逆生)을 적시했다. 이는 인간이 만물의 영장靈長임을 가리킨 내용이다. 그다음 오상五常, 곧 인의예지신仁義禮智信의 타고난 정도가 '꽉 막혀 불통(全塞不通)인 식물'과 '조금 통(或通)한 동물'에 견주어, '이를 모두 갖춘(全具) 것이 인간'임을 적었다. 이는 인간의 '영장적 특성'(靈長性) 곧 '인간 영장의 특장적 성격'을 밝힌 대목이다.

그런데 그 오상인 다섯 가지 본성이 '친의별서신親義別序信'과도 상통하는 오륜五倫 윤리의 근본원리라는 것이 성리학자들의 견해였다. 이 점을 상기하면, 오상의 존유 사실에 대한 세 가지 비교는 바로 인간의 영장성을 '윤리도덕의 척도'로 한 것이었다. 이로써 우주 자연이 바로 '윤리도덕의 근거' 또는 그와 같은 '윤리도덕의 토대'로 간주되었음도 알게 된다. 성리학자들은 우주 자연을 지구 중심으로 파악한 다음 또 인간 중심으로 파악하고서, 그 인간을 도덕성의 기준으로 영장이라고 자기 평가를 한 것이다.

그러나 홍대용은 이런 성향의 사상을 계승하지 않았다. 그는 무엇보다도 인간관과 관련되었던 '지구 중심의 천문관'을 부정했다. 아래 글이 그런 예증이다.

하늘의 모든 별들은 그 나름의 세계를 이루고 있다. 별세계(星界)에서 보면 지구(地界)도 하나의 별이다. 무한(無量)한 세계가 우주 공간(空界)에 흩어져 있는데, 오직 지구만 교묘하게 그 바른 중앙(正中)이 있다는 것은 이치에 맞지 않는다.…… 때문에 지구는 두 행성(兩曉, 金星 水星) 가운데 있지만, 다섯 행성(五緯)의 가운데를 차지하지는 못한다. 태양은 다섯 행성의 중앙에 있지만, 뭇별(衆星)의 중앙에 있지는 못한다. 태양이 바른 중앙(正中)에 있지 못하는데 하물며 지구야 더 말할 나위 있겠나![25]

홍대용에 따르면, 태양은 다섯 행성의 중앙에는 있지만, 별들의 중앙에 있지는 않다. 하물며 하나의 행성인 지구가 어찌 별들의 중앙에 있다고 할 수 있겠나 반문한다. 지구는 별들의 중앙은 고사하고, 행성들의 중앙에 있지도 않다는 주장이다. 그는 이렇게 성리학자들의 견해와 다른 천문관 또는 우주관을 지니고 있었다.

인간관에 있어서도 홍대용은 성리학자들과 견해를 달리했다. 그 점을 살피는 방법으로 먼저 인간과 타물과의 같고 다름에 대한 사유부터 들겠다. 홍대용은 생물(生之類)을 인간과 동물과 식물로 분류하고, 이들에 대한 비교의 기준을 도덕 아닌 '지각知覺 능력'으로 하였다.

초목에는 지知의 능력은 있으나 감각(覺)이 없고, 동물에는 감각의 능력은 있으나 지혜(慧)가 없는데, 인간은 지능과 감각과 지혜가 다 있다(有知覺慧).[26]

25) 『湛軒書』, 內集, 補遺, 권4, 「毉山問答」.
26) 앞(각주 25)과 같음.

초목과 동식물과 인간은 이렇게 지각에서 차이가 난다. 생물 가운데 '인간의 지능이 최고'로 발달했다는 것이다. 하지만 홍대용은 성리학자들처럼 인간을 '우월優越하게 여기는 뜻'에서 영장靈長이라 하는 사유를 보이지 않았다. 그의 이런 사유의 원인은 이들에 대한 이해에 '윤리도덕'을 기준으로 삼지 않고, 단순히 '자연의 시각'으로 한 데 있는 것 같다. 이런 추측은 그의 다음 글로 확실해진다.

> 무릇 땅덩이(地)는 허한 세계의 활물活物이다. 흙(土)은 그 피부의 살이고, 물은 그 정혈이고…… 원기元氣가 모여 갖가지 물체(物)를 생한다. 초목은 땅의 터럭이고, 사람과 금수는 땅의 벼룩(蚤)이고 이(蝨)이다.[27]

> 인간의 처지에서 타물을 보면 인간이 귀貴하고 타물이 천賤하지만, 타물의 입장에서 인간을 보면 타물이 귀하고 인간이 천하다. 하늘(天)에서 보면 인간과 타물이 '다 균등(均)'하다.[28]

이 인용문 내용이 홍대용의 유명한 '인물균등설人物均等說'이다. 이에 따르면, 현존하는 사물 전체의 시각으로는 인간은 '땅의 벼룩'에 지나지 않는다. 부분적 또는 개별의 시각으로 보아도 서로가 상대적이다. 인간과 타물 사이의 귀천 평가 역시 보기에 따라서 다르게 나오게 된다. 인간의 관점에서는 타물보다 인간이 우월하지만, 타물 관점에서는 인간보다 타물이 더 우월하다고 할 수 있다. 하지만 전체적 시각—곧 하늘(天)의 시각—에

27) 앞(각주 25)과 같음.
28) 앞(각주 25)과 같음.

서 판단하면, "인간과 타물들은 모두 균등(均)하다"는 것이 홍대용의 이론이다. 따라서 동물과 식물에 견주어 인간을 가장 우월시하여 주장하던 '인간 영장靈長' 관념도 이에서 불식되었다.

마치 장자의 사상을 연상케 하는 이 '인물균등설'로 그는 성리학자들이 견지해 온 '인간 중심' 또는 '인간 본위'의 사유를 탈각했음이 확인된다. 뿐만 아니라, 자연에 대한 '윤리도덕의 준거'와 같은 성리학자들의 관념도 그에서는 찾아볼 수 없다. 그의 자연은 인간과 대등한 위치에 있는 무선악無善惡의 '타물'일 뿐, 윤리도덕 같은 가치를 적용할 필요가 없는 대상이다. 이 또한 그의 '가치중립 또는 과학 중요시' 태도이고, 달리 말해 그의 우주관과 연계된 '탈성리학적 인간관'이다. 그의 이 사유의 함의야말로 앞서 살핀 지구설에 입각하여 제시한 그의 '탈화이관脫華夷觀'의 사유가 지닌 가치와 함께 기억할 만한 것이다.

5) 홍대용의 개혁 정신과 평등관

후기 실학자들은 현실 상황에 대한 실용적 대응감각이 민감했던 만큼 개혁 의지가 성리학자들보다 상대적으로 높았다. 홍대용의 경우도 예외가 아니었다. 성리학자인 이이만 해도 경장 이름의 개혁을 위해서는 먼저 시의時宜 파악을 해야 함을 강조했듯이, 홍대용도 "주역周易에서 시의時義를 귀하게 여겼음을"을 상기시킨다.[29] 그가 이 점에 주목하는 이유는 정

29) 『湛軒書』, 內集, 권3, 「與人書二首」.

치가 한때 잘 되었더라도 세월이 지나면 으레 그렇지 못하게 된다는 데 있다. 시간이 오래 지나면 국가 사회가 쇠약하고 혼란해짐이 시세의 흐름이라 한다.[30]

홍대용 또한 군주제의 효과를 증대시킬 구상을 했다. 그 방법의 하나로 사간원司諫院과 사헌부司憲府의 '간관제'를 없애고, 관리들은 물론이고 농민들에게까지 간관 구실을 하도록 하자는 내용의 제안을 했다.[31] 이는 간관제로 인한 일정한 정책의 지연 때문에 한 제안 같지만, 당시 대부분의 농민은 문맹이었음과 언로의 이용이 원활치 못했음을 고려하면, 성과를 거두기 어려운 제안이었다. 왕권의 견제를 가져올 간관제 자체를 너무 소홀히 여긴 제안이 아니었을까 하는 의문이 든다. 그의 제안이 성과를 못 거둘 경우에는 오히려 개혁을 안 한 것만도 못할 개연성이 있게 된다.

이와 비슷한 홍대용의 개혁설로 특히 '지방관리들의 임기 개선'에 대한 구상이 있었다. 당시의 규정으로는 관찰사觀察使의 임기가 360일, 수령守令은 1800일로 한정되었었다. 이에 대해 그는 3년마다 관리의 실적을 점검하여, 직책을 잘 수행한 관리에게는 종신토록 그 직위를 유지케 할 것을 기획했다.[32] 너무 잦은 관리들의 면직으로 인한 폐단을 시정코자 한 계획일 것이다. 그의 임기 연장설은 정책 시행의 효과와 아울러 왕권의 안정 효과를 의도한 것 같다. 하지만 영구직으로 임용함은 무리가 아니었을까 하는 의문을 지울 수 없다.

---

30) 앞 책, 內集, 권4, 「毉山問答」.
31) 앞 책, 內集, 권4, 「林下經綸」.
32) 앞(각주 30)과 같음.

그는 중앙과 지방의 행정제도에 대한 개선도 꾀했다. 그 대표적인 것이 중앙의 '육조六曹' 제도를 '구경九卿' 체제로 변경하자는 것이다. 이전의 불필요한 관직을 없애고 새로 필요한 것을 경卿의 휘하에 소속시키자는 내용이었다.[33] 이는 당시 지방관 파견이 군郡과 현縣까지로 한정된 것을 불비로 여겨, 더 작은 단위인 사司와 면面의 관직을 확장하여 사장司長, 면장(面任)까지 두는 구상이었다. 그에 따르면, 결국 전국을 9도道로, 각도는 9군郡으로, 군을 9현으로, 현을 9사로, 사를 9면으로 하여 그에 책임관을 하나씩 두자는 제안이었다.[34] 이런 개혁설은 향촌 질서의 재편을 꾀함과 아울러 국왕 통치력의 파급효과를 극대화하려는 의도의 표출이 아닌가 한다.

홍대용은 과거제의 개혁과 그에 따른 교육제의 개편도 계획했다. 그에 따르면 당시의 과거시험이 글짓기(詞章), 문장 암기(記誦), 훈고訓詁에 치중함에 능력자 선발은 고사하고 영재를 그르치는 결과를 낳았다. 그러므로 이를 폐지하고 인재를 각 군현에서 추천하는 '공거제貢擧制로 전환'함이 더 낫겠다는 구상이었다.[35] 그 공거제의 시행을 실현하기 위해 관리 후보자인 인재가 필요하므로, 인재 육성의 교육을 아울러 논했다. 각 면에서 8세 이상의 어린이를 모아 글을 가르치고, 그 가운데 재능과 행실이 우수한 어린이를 현사縣司에 보낸다. 사의 교관이 이들을 가르친 다음, 우수한 유능인을 태학에 보낸다. 태학 교육을 거쳐 유능한 인재를 관리로 채용하

33) 앞(각주 30)과 같음.
34) 湛軒書』, 內集, 권4, 「林下經綸」.
35) 앞(각주 34)과 같음.

자는 내용이었다.

그의 이 교육제에는 전에 볼 수 없던 특징이 있다. 초급 단계는 '신분차별'이 없는 만큼, 일종의 의무교육과 비슷하다는 점이다. 이는 능력 본위의 관리 선발을 고려한 조치로 이해된다. 이 점에서 그의 공거제와 교육제는 기존의 제도보다 일보 진전한 셈이다. 하지만 그의 구상은 문무文武의 분별이 없고, 심지어 '농병農兵 일치관'을 아직 벗어나지 못한 점 등, 근대 관료제에 미치지 못한 한계를 지녔다.

홍대용은 17~18세기 다른 실학자들과 마찬가지로 문란한 토지제土地制의 개혁을 주장했다. 그에 따르면 전국의 토지를 고루 나누어, 아내가 있는 가장에게는 각기 2결結씩 주고, 그것을 짓다가 죽으면, 3년 뒤 그것을 다른 사람에게 주도록 하자는 것이다. 이는 앞선 유형원보다 더 상세한 구상이 아니다. 소략한 개혁설에 그쳤다고 하겠다.

하지만 그는 당시 양반들이 '노동을 천시'하던 풍조를 매우 신랄히 비판했음을 본다.

> 우리나라는 평소에 명분을 중히 여긴다. 양반 족속들은 비록 곤란한 처지에서 심히 굶주려도 팔짱을 끼고 앉아 농사를 짓지 않는다...... 이에 유민遊民이 늘고 생산하는 이들은 줄어든다...... 과조科條를 엄격히 세워 사농공상士農工商에 관계없이 놀고먹고 놀고 입는 자에게는 관官에서 벌칙(刑)을 마련해 세상에서 용납될 수 없도록 해야 마땅하다.[36)]

---

36) 『湛軒書』, 內集, 권4, 「林下經綸」.

홍대용의 진단으로, 명분이나 따지는 '양반들의 노동 기피'는 나라를 빈곤케 하여, 마침내 유민의 발생까지 가져오는 결과를 낳았다. 그러므로 직업과 관련 없이 누구든지 '노동을 기피'하고 생산에 종사하지 않는 자들에게는 '형벌을 주는 조치'를 단행해야 한다는 것이다. 특히 "사농공상에 관계없이 놀고먹고 놀고 입는 자"를 그렇게 해야 한다는 발언이다. 이는 매우 주목할 발상이었다. 당시 양반에게 귀족적 특권처럼 우대하던 관습을 법률로 철저히 폐기하려는 그의 강력한 의지의 표명이다. 이 발상에는 당시 직업의 구별을 넘어 신분 차별로 여기던 '사농공상의 사민의식'에 대한 무차별을 주장한 의미가 깃들었다고 하겠다. 그의 이 주장에는 다름 아닌 '사민평등四民平等 의식'의 배태가 함재된 것이다. 그의 '선진적 사상'으로 '근대의식의 일단'이라 할 획기적인 개혁설이 아닐 수 없다.

홍대용의 '평등사상'은 실로 그의 직업관에서 더욱 구체화되었다. 다음 글에서 그 점을 확인할 수 있다.

> 뜻(志)이 높고 재능이 많은 이는 위로 올려 조정에서 일하게 하고, 재질이 둔하고 모자라는 이는 아래로 돌려 초야에서 일하게 한다. 그 가운데 생각을 교묘히 하고 솜씨가 뛰어난 이는 공작(工)에로 돌리고, 이로움을 밝히고 재화를 탐하는 이는 상업(賈)을 하게 하고, 모책하길 좋아하고 용기가 있는 이는 무반(武)에 보낸다.[37]

> 지식과 학문이 있으면 농공상인의 자식인들 정부의 요직(廊廟)에 앉더라도 참람하지 않고, 재능과 학식이 없으면 고관(公卿)의 자식인들 하인으로

37) 앞(각주 36)과 같음.

돌리더라도 한스러울 것 없다.[38]

이에서 홍대용은 직업이나 직책을 맡김에는 '출신 성분'과 상관없이 '적재적소適材適所' 위주로 해야 한다는 주장을 폈다. 당시의 현실로 "농공상인의 자식인들"이라는 식으로 성분을 고려치 않고서 적재적소에 요직을 맡기자는 제안은 '시대를 앞서 이끈 참신한 개혁설'이 아닐 수 없다. 직업과 직분의 '평등화平等化'가 그만큼 중요하다는 그의 사상이었다. 당시로는 누구에게서도 이런 '평등사회 지향의 이상'은 나오지 않았다. 그 정도로 '열린사회'의 실현을 구상한 인물은 그보다 앞선 실학자 유형원 하나였을 따름이다. 이것이 그 한 시대를 넘어 새로운 시대를 연 홍대용의 사상적 동력이었다. 따라서 그의 '선구적 실학자의 모습'은 이에서 극치極致를 이루었다고 하겠다.

38) 앞(각주 36)과 같음.

제5편

10. 성리학에 견준 후기 실학의 근본철학
    —이황과 정약용 철학의 비교—

11. 탈성리학적 실학의 근대적 성격

12. 마감하는 말

10. 성리학에 견준 후기 실학의 근본철학

—이황과 정약용 철학의 비교—

1) 후기 실학의 철학 찾기

후기 실학에 대한 연구가 일던 초기(1930~1950)에는 후기 실학의 철학이란 상상조차 하지 않았던 것 같다. 예로 현상윤의 『한국유학사』(민중서관, 1949)만 해도, 후기 실학을 '경세학經世學'이라는 내용에서 그쳤을 뿐이다. 이는 후기 실학을 성리학의 통치 풍토가 지닌 적폐의 극복을 위한 정책적 대응으로만 인지한 것이다. 그 원인은 후기 실학에 대한 초기 연구가 주로 사학자들에 의해 출발한 데다가, 그들의 시각이 패망한 조선의 자주독립을 위한 자강自強의 맥락에 초점을 두었던 데 있다. 다시 말해 조선이 쇠퇴 일로에 있던 시대에 그 쇠퇴를 일련의 개혁설로 저지하고 극복하려 한 학문이 곧 후기 실학이라고 판단한 데 그 원인이 있었다.

하지만 1960년대에 이르러 철학 분야의 학자들이 후기 실학에 접근하면서부터 그 '심층의 근본 철학사상 발굴'에 관심을 두게 되었다. 다시 말해 후기 실학에서 '현실 개혁설'과 함께 '성리학적 철학을 비판'한 측면을 찾아내기 시작했다. 따라서 후기 철학의 내용과 성격 등은 아직도 별로 알려지지 않았다. 그러므로 후기 실학이 지닌 '탈성리학적 근본 철학'의 내용과 성격 등을 이제 총괄적으로 파악해야겠다.

이 고찰에서 후기 실학의 철학 찾기는 사실상 이미 진행하여 왔다. 바로 앞 제9장 제3절 홍대용의 경우 '성리학의 근본 철학에 대한 부정'을 비롯하여 제4절 '새로운 우주관과 인간관' 그 아래의 '평등관' 등이 모두 후기 실학의 철학이기 때문이다. 다만 그 고찰들은 '철학 찾기'에 초점을 둔 작업이 아니었던 까닭에, 그것들은 후기 실학의 철학에 속하는 내용의 부분적 산견에 지나지 않았다. 문제의 접근부터 철학 찾기로 진행한 것이 아니었다.

이에 필자는 문제의 접근을 아래와 같은 방법으로 하려 한다. 간명한 파악을 위해 대표적인 성리학자로 꼽히는 '이황의 철학'과 후기 실학을 집대성한 '정약용의 철학'을 비교하는 방법을 구사하려 한다. 이런 비교가 비록 두 측면의 근본 철학을 완벽히 파악하기는 어렵겠지만, '후기 실학의 철학'이 '성리학의 그것'과 기본적으로 어떻게 다른지 그 차이의 얼개는 알 수 있다. 성리학과 후기 실학의 차이를 나타낼 철학이란 주로 '기본 개념概念과 주요 명제命題'를 가리킨다. 이에 필자는 이들 두 학문에 이용된 기본 개념과 기본 명제 중심의 대조를 시도하겠다. 이 방법은 어쩔 수 없이 앞에서 살핀 철학들과 '상당히 중복'될 것이 예상된다. 해서 중언부언하는 서술이라는 평이 나올 것이 분명하다. 하지만 '후기 실학의 철학에 대한 총괄적 정리 작업'이어서 이는 불가피라고 하지 않을 수 없다. 독자의 경우 선행한 고찰의 '부분적 복습'이라고 이해해 주었으면 한다.

2) 두 종류의 실학 개념

(1) 이황이 사용한 '실학'

이황의 경우 성리학을 '성학聖學'이라 지칭한 것에 비하면 실학 용어는 별로 사용하지 않았다. 드물게나마 사용한 사례가 있을 뿐이다.

> 혹자는 말하기를, 성경聖經 현전賢傳을 어느 누가 실학 아니라 하겠으며, 또 집주集註의 모든 설로 집안에 전하여 사람들이 외우는 것들도 다 (실학과 같은) 지극한 가르침(至教)이라 했다.[1)]

요약하면 이는 유학의 경전 및 주해의 내용이 모두 실학이라는 의미이다. 이것은 마치 성리학자로서 '실학' 용어를 처음 사용한 정이의 발언을 연상케 한다. 정이는 『중용』을 주해하면서 그 책 내용 전체를 '실학'이라 했던 것이다. 다시 말해, 계신, 공구, 신독 등으로 익힌 수양과 그 수양을 통해 희로애락 감정을 규범(節度)에 맞도록 하라고 가르친 『중용』의 내용이 곧 실학이라는 것이었다. 이황은 바로 이런 류의 실학 개념을 계승했다. 실학에 대한 이런 사유는 성리학자들의 '공통적 실학관'에 해당하므로 별난 견해가 아니다.

(2) 정약용이 사용한 '실학'

18~19세기 성리학자들은 '위정척사衛正斥邪'를 역설하면서 유학(성리학)

---

1) 李滉, 『退溪全書』, 「朱子書節要 序」 上, 권42.

을 바른 학문이란 뜻의 '정학正學'이라 일컬었다. 그 시대의 정약용은 결코 성리학을 정학이라 여기지 않았다. 오히려 성리학은 그가 배척하는 유학이었다. 이상적인 유학을 그는 다만 '참다운 선비의 학문', 곧 '진유의 학'(眞儒之學)이라 일컬었다. 그 또한 실학 용어는 별로 사용하지 않았으므로 그에 있어 후기 실학은 곧 진유의 학이었던 셈이다. 이러한 사실이 그의 아래 글에서 잡힌다.

> 공자의 사상(道)은 수기修己와 치인治人일 뿐이었으나, 지금 학문하는 이들이 아침저녁으로 익히고 연마하는 것은 다만 리기사칠理氣四七 논변과 하도낙서河圖洛書의 수와 태극원회太極元會의 설뿐이다. 이러한 것들이 수기에 해당하는지 치인에 해당하는지 모르겠으니, 우선 한쪽에 두어라.[2]

> 진유의 학문은 본래 치국, 안인, 양이적攘夷狄, 유재용裕財用코자 하며, 문文과 무武에 모두 능하여 해당되지 않는 것이 없다. 어찌 문장을 연구하고, 구절을 지적하며, 벌레나 물고기에 대해 풀이하고, 도포 입고, 절하는 법을 익히는 것일 뿐이겠나?…… 후세 유자들이 성현의 본뜻을 깨닫지 못하고, 인의仁義와 리기理氣 밖에 한마디라도 입 밖에 내면 그것을 잡학雜學이라 한다.[3]

정약용에 따르면 진유의 학문은 수기와 치인을 요체로 하였지만, 그 내용은 '치국, 안민, 양이적, 유재용' 네 가지에 힘쓰는 것이다. 문무를 다 익혀야 함이 그 요건이다. 여기 '오랑캐를 물리치고'(攘夷狄) '재용을 넉넉

---

2) 丁若鏞, 『與猶堂全書』, 1집, 권17, 「爲盤山丁修七贈言」.
3) 앞 책, 권12, 「俗儒論」.

히 할(裕財用) 줄 알아야' 함은 그의 실질적이고 실용적인 발상이다. 이에서 진유의 학문이 곧 그의 '실학'임이 확실하다. 성리학자들은 오랑캐를 물리침이라든가 재용을 넉넉히 함을 명시적으로는 중요시하지 않았다. 그들은 비현실적인 리기理氣철학에 빠진 채, '해당되지 않는 것이 없게 하는 것'을 '잡학雜學'이라 경시했다. 하지만 성리학자들이 잡학이라 한 것이 실은 진유의 학문, 곧 '박학 성격의 실학'에 해당한다는 것이다.

이렇듯 그의 학문은 성리학자들이 경시한 잡학을 되레 중요시하면서 인의仁義를 비교적 소홀히 하는 성향을 띤다. 그는 '수기'와 '치인' 두 가지 가운데 수기보다는 치인에 더 역점을 두었다. 이는 "후생 이후에 정덕"(厚生以後正德)[4]을 역설한 박지원, 박제가 등의 학문 경향과 같다. 앞서 나온 박학과 이용후생을 계승한 것이 곧 정약용의 실학임이 이에서 확인된다.

외관상 정약용 또한 수기를 바탕으로 인의로 이루는 윤리도덕, 그리고 리기사칠理氣四七 이론 등 성리학의 철학에 속하는 업적도 적지 않게 남겼다. 그런 만큼 그의 성리학자들의 학문 경향에 대한 비판을 이상하게 여길 수 있다. 하지만 이는 당시 성리학자들의 학문 경향을 지양하느라 제기한 발언일 따름이다. 학문 경향으로 살피더라도, 그의 수양론이나 철학설은 성리학자들의 그것과 전혀 다른 성격으로 되었음을 보게 된다. 다음 항에서부터 그 점이 구체적으로 밝혀진다.

---

4) 朴趾源,『燕巖集』, 권11,「熱河日記, 渡江錄」및 朴齊家,『北學議』.「自序」.

3) 리기 개념의 견해 차이

(1) 이황의 경우

이황과 같은 성리학자들은 유학 본래의 상제上帝(하느님) 또는 '천天'(하늘, 하느님)에 대한 개념을 '태극太極'과 같은 궁극의 원리, 곧 '리理'로 전환, 철학화한 개념으로 사유했다. 이런 의미에서 그들은 "천은 곧 리(天卽理)다"라는 명제를 제기했다.

우주 자연에 대한 '원리적 사유'를 바탕으로 주돈이는 "(무극이자) 태극의 동과 정으로 음과 양(陰陽)의 두 기氣가 생기고, 그 둘의 교감으로 오행五行이 생기고…… 나아가 인간과 만물이 생겼다"는 「태극도太極圖」와 「태극도설太極圖說」 우주 생성설을 지었다. 이황은 이를 좀 더 구체화해 "리가 동함에 (최초의) 기가 따라서 생겼다"(理動則氣隨而生)고 하였다.[5] 이때의 우주관(또는 천체관)은 곧 '혼천관渾天觀'[6]이었지만, 그것을 또 리理와 기氣 개념의 철학으로 파악한 것이 성리학의 독특한 점이었다.

이황에 있어 리理의 의미는 기본적으로 모든 원리 원칙을 가리키지만, 이것을 실재시할 경우에는 원인(所以然)과 당연當然인 선善까지 폭넓은 영역으로 사용했다. 더욱이 리가 궁극의 원인이라고 할 때 그것은 우주 자연을 생기게 하는 근원적 원리이기도 하다. 그런 의미에서 우주 전체를 리의 한 체계로 해석한 '리일분수理一分殊'라는 명제까지 안출했음을 살폈다.

---

5) 李滉, 『聖學十圖』, 제1, 「太極圖」 및 『天命圖說』, 제1장.

6) '하늘은 둥글고 땅은 모나며(天圓地方), 하늘은 돌고 땅은 고요히 멈추어 있다(天動地靜)'는 천체관을 뜻한다.

이 정도의 철학이면 거의 유리론唯理論이다.

기氣는 음양陰陽 · 오행五行을 기본적으로 뜻하지만, 질質로도 통하거나 때로 차별되기도 한다. '기는 자체로 항존한다'는 서경덕徐敬德 등의 기철학과 달리, 기 또한 리에 의해 '생멸生滅의 특성을 지닌다'는 것이 정주계 이황 등의 사상이었다.

(2) 정약용의 경우

정약용은 본래 유학을 익혔지만, 서학이라 일컫던 서구사상의 영향을 많이 받았다. 서학은 대체로 종교와 과학 두 측면으로 분류되지만, 그가 받은 영향 또한 그 두 측면을 다 아울렀다. 과학 중의 천체관은 지구설地球說, 지전설地轉說을 비롯해, 태양 중심의 근대 역법, 세계 지리 등에 대한 지식의 소유로 이황의 그것과는 전혀 달라졌다.

비록 학문으로 익히기 시작한 서학에서 그는 뒷날 신앙 차원에까지 들어갔다. 그 영향이었던지 천天에 대한 그의 관념은 본원유학의 '상제천관上帝天觀'으로 복원되었다. 그에 있어 '천은 곧 리다'(天卽理)의 명제는 부정되었고, 리理는 단순한 원리 의미만 지니게 되었다.

우주 자연에 대하여 그는 기의 '절로 존재하는 특성'으로 인하여 존립하게 되었다고 했다. 그러므로 자연이 기氣로 이루어졌다는 점은 이황과 같지만, 그 기를 저절로 존재하는 특성을 지녔다(自有之物)고 한 것은 그의 독특한 사상이다.[7] 이때 기의 구체적 존재 양태가 곧 음양陰陽과 오행五行

---

7) 丁若鏞, 『與猶堂全書』, 2집 권4, 「中庸講義補」, 93쪽.

이라는 이황 등의 사유, 특히 오행이 우주 형성의 '근본 요소'라는 사유를 그는 다 부정했다. 정약용은 본원유학의 본의本義임을 내세워, 홍대용처럼 음양은 '그늘과 볕'이고,[8] 오행은 박제가처럼 '다섯 물체'일 뿐[9]이라 주장했다.

정약용은 천을 상제로 복위시킨 만큼, 우주 형성의 궁극적 원인 또는 궁극의 원리라는 태극太極마저 그에서는 리가 아닌 기, 특히 원기元氣라 이해했다.[10] 그에 있어 리理는 원인 의미를 띤 개념이 아니다. 그의 주장으로 '리'는 다만 옥석玉石의 '결'인 맥리脈理, 법리法理, 치리治理 같은 이치일 뿐이다.[11] 그것은 (흔히 말하는) 기 작용에 있는 질서 조리 법칙에 지나지 않는다(依附之品)고 했다.[12] 그 실재성과 주재성이 그에서 다 부정되었다. 그의 자연은 다만 기이지 이황이 생각하듯 '리기의 합'이 아니다. 따라서 그에게는 '리일분수' 명제도 긍정될 수 없다.

태초의 우주 발생에 대한 사상도 이황의 그것과 다르다. 정약용에 있어 태초의 생성은 '기인 태극'으로부터 시작되었다. 구체적으로 말해, 태극인 한 기(一氣)가 '하늘(天)과 땅(地), 두 기(二氣)'로 되고, 그것이 또 물과 불을 더한 '천지수화天地水火' 네 기로, 넷의 상호작용으로 산山, 택澤, 풍風, 뇌雷, (곧 八卦의 象이기도 한) 여덟 가지 사물(八物)로 된 다음, 만물의 형성에 이르렀다는 것이다.[13] 그의 이런 자연은 무생명 · 무의지적인 타자

8) 앞 책, 61쪽.
9) 앞 책, 62쪽.
10) 앞 책, 1집, 「中庸策」, 164쪽 및 3집, 「易學緖言」, 505쪽.
11) 앞 책, 2집, 「孟子要義」, 138쪽.
12) 앞 책, 2집, 권4, 「中庸講義補」, 93쪽.
13) 앞 책, 3집, 「昭子先天論」, 517쪽 및 「論河圖爲八卦之則」, 523쪽.

곧 물체이지, 성리학의 자연처럼 인간과 서로 감응感應하는 대상이 아니다. 그는 만물과 인간이 본래 하나의 기인 만큼(物我一體) 다시 하나로 된다는 천인합일天人合一 사상마저 부정했다. 자연의 원리(天道)를 인간의 윤리도덕, 이른바 인도人道의 준칙 또는 모범으로 여기는 성리학의 사상 또한 그에서는 부정되었다. 그에 있어 천도를 모범시하는 사상은 다만 '하느님을 모심'(事天)일 따름이다.[14)]

4) 인간관과 심성 개념 및 그 명제

(1) 이황의 경우

이황에 따르면 인간은 리와 기로(理氣의 合) 되었다. 인간의 본질에 해당하는 것은 그의 표현으로 '본연의 성'(本然之性)이다. 그에 있어 이 본연의 성은 맹자가 밝힌 '인의예지仁義禮智' 곧 '사덕四德'이다. 때로는 사덕에 '신信'을 더한 오상五常(仁義禮智信)을 본연의 성으로 여기기도 했다. 더 확장할 경우 '천명天命'과 '태극太極'도 본연의 성에 든다.

정지운의 「천명도」에 명시되었듯이, 이황도 인간을 오성五性(五常)의 구비라는 점에서 초목과 금수 등에 견주어 '영장靈長'이라 여겼다. 인간 영장관은 기氣의 측면으로도 인간만이 '빼어난 기'(秀氣)를 타고났다는 이론으로 계승했다. 아울러 성리학자들의 공통된 사유로 인간은 그 부모라 할

14) 앞 책, 2집, 「孟子要義」 등 참조.

하늘과 땅의 모양(頭圓足方)을 닮았고, 그 닮은 점으로도 영장이라 믿었다.

이황 같은 성리학자들이 인간의 우월성으로 꼽는 것이 또 심心의 작용이다. 본래 허령불매虛靈不昧한 심이 지각知覺 작용을 하기 때문이다. 지각 작용으로 해서 '심은 한 몸의 주재자主宰者'이자, 인간의 신명이 깃든 곳(神明之舍)이라 믿었다. 성리학자들에 따르면, 심은 성性과 정情을 갖추었고(統攝), 그것들을 관리하고 다스린다(統治)는 것이다. 이 성과 정의 관계를 성리학자들은 체體와 용用이라 했다. 이에서 '성이 발하여 정으로 된다'(性發爲情) 또는 '정은 성이 발한 것'(情性所發)이라는 명제를 냈다.

(2) 정약용의 경우

정약용이 리理를 옥의 결(脈) 같은 질서 조리로 여겼음은 그 실재성 부정이었다. '리'와 성性을 동일시한 이황과 달리, 그는 '성이 곧 리다'(性卽理)라는 명제를 부정했다. 그에 있어 성이란 일종의 소질과 같은 '기호嗜好'일 뿐이다.[15] 따라서 성 또한 그 실재성이 부정된다. 그 점에서 성리학에서 본연의 성으로 간주한 인의예지仁義禮智를 그는 마음속에 들어 있는 "네 과립(四顆) 같은 것이 아니라"[16]고 단언했다. 이들 본성을 부정하는 이유는 그것이 '불교의 여래장설如來藏說'에서 나온 것이라는 판단에 있다.[17]

하지만 성리학에서 말하는 본연의 성과 기질의 성 같은 구분이 정약용에게도 없지 않았다. 그도 기호에 두 가지가 있다고 했다. '영지靈知의

---

15) 丁若鏞, 『與猶堂全書』, 2집, 권6, 「孟子要義」, 145쪽.
16) 앞 책, 권4, 「中庸講義」, 61쪽.
17) 앞 책, 권12, 『論語古今註』, 339쪽.

기호'와 '형구形軀의 기호'가 그것이다. 영지의 기호는 '도의道義의 성'으로도 표현하는 것으로 보아, 본연의 성에 해당하는 기호인 셈이다. 형구의 기호는 그에게서도 기질의 성으로 불린다. 결국 본성의 실재성만 부정하고, 두 종류의 성이 지닌 윤리적 성향만은 다른 표현으로 인정한 셈이다.

성의 실재를 부정하므로 정약용에서는 '성의 발發(發動, 發出)'이라는 사유도 없다. 성과 정의 '체용體用 관계' 또한 부정되었다. 따라서 성리학자들이 말하는 '성이 발하여 정으로 된다'(性發爲情)는 명제가 그에게서는 용납되지 않는다. 성리학자들이 '심이 성정을 통섭한다'(心統性情)고 하면서 '심을 또 기'(心是氣)라고 한 사유를 가리켜, 이는 '기통리기氣統理氣'라는 의미가 되므로 옳지 않다는 것이 그의 비판이었다.[18]

정약용도 인간을 만물 중의 영장으로 여기는 점은 이황 등과 다르지 않다. 그러나 그에 있어 그 영장성은 성리학자들처럼 '본성의 도덕적 능력'에 근거하지 않는다. 그의 경우는 생명과 지능 및 도덕 능력을 복합한 특성에 따른 판단이다. 정약용에 따르면 초목에는 '생生의 특성'만 있고, 금수에는 '생과 각覺'이, 인간에는 '생, 각, 외에 영靈과 선善'의 특성이 더 구비되었다. 이런 점을 그는 '성삼품설性三品說' 또는 '성사등급설性四等級說'로 제시했다.[19] 그의 이 이론은 '성性'론이라기보다 '심心'론이라 할 만하다. 그 정도로 선善은 '각覺과 영靈'이라는 인지認知 능력과 병렬되는 위상이지, 성리학에서와 같이 인간성 이상의 것으로 간주되지 않았다. 이것이 바로 이황 같은 성리학자의 명장적 인간관과 다른 탈성리학적 실학자 정

18) 앞 책, 1집, 권19, 『詩文集』, 書, 「答李汝弘」, 410쪽.
19) 앞 책, 2집, 권4, 「中庸講義補」, 84쪽.

약용의 인간관이다.

정약용의 경우 심心은 몇 가지로 설명된다. 오장의 심 곧 '심장'과 '영명靈明의 심' 및 '소발所發의 심'(예로 측은해하는 심)이 그것이다. 이 가운데 흔히 일컫는 지각작용을 하는 '의식일반'의 심은 영명의 심이다. 그에 따르면 심의 영지靈知로 통하는 영명은 상제인 천天이 부여해 준 것이다. 곧 "상제(天)의 영명이 인심에 직접 통한다"는 것이 그의 이론이다.[20]

정약용에 따르면, 이 영명으로 해서 인간은 금수와 달리 '자주自主의 권능'을 발휘한다.[21] 상제로부터 받은 영명성으로 인하여 인간은 초목이나 금수와 달리, 자기 '독자의 주견으로 독자의 주장'을 하는 능력을 발휘한다는 것이다. 금수의 경우 본능대로(不得不然) 행동하지만, 인간에게는 특히 선악 문제에서 '스스로 작정하고 스스로 주장하는'(自作而自主張)[22] 능력이 있음을 강조했다. 이처럼 정약용은 상제가 부여한 영명성 함유를 주장한 점에서 그의 인간 영장관 역시 그의 상제천관에 근거했다. 따라서 이황의 인간관과 그의 인간관 차이의 근본 원인은 이들의 천관天觀의 서로 다름에 있었다.

---

20) 앞 책, 2집, 권3, 「中庸自箴」, 47쪽.
21) 앞 책, 2집, 권5, 「孟子要義」, 111쪽.
22) 앞 책, 2집, 권6, 「孟子要義」, 135쪽.

5) 윤리관 속의 기본 철학

(1) 이황의 경우

이황 같은 성리학자가 '인의예지' 본성을 중요시한 이유는 그것들이 오륜五倫을 이룬다는 신념에 있었다. 되풀이해, 그 본성에 신信을 더한 오성(仁義禮智信)을 그들은 '오상五常'이라 일컬었는데, 그들에 있어 오성과 오상은 이름만 다를 뿐 서로 같은 개념이다. 그런 터에 오상은 또 '부자유친', '군신유의' 등…… , 오륜의 원리인 '친의별서신親義別序信'과 상통하는 것이었다. 이는 맹자가 말한 사단四端이 인의예지의 발로이듯, 오상의 발로가 곧 오륜을 이룬다는 사상이다. 이것이 성리학자들의 윤리사상이었다.[23)]

이황 등이 오성의 구비를 인간 영장관의 근거로 삼은 것도 이런 사유와 연관된 것이다. 따라서 그들에 있어 인간의 '영장된 값'(代價)을 치르는 길은 바로 오륜 같은 '윤리도덕의 실천'에 있었다. 이것이 맹자 성선설의 입장에서 구사한 윤리사상이기도 하다. 이 사상을 달리 천명天命 또는 천도天道까지 동원하여 자연법칙을 윤리도덕에로 연결시킨 성리학적 이론은 그 윤리도덕의 공고화이고 절대화에 다름 아니다. 아무튼 이에서 윤리도덕의 가치를 성리학자들이 얼마나 중요시했는지 충분히 가늠할 수 있게 된다.

이황의 수양설 또한 이런 사유를 바탕으로 한 이론임은 말할 나위 없

23) 이와 상징적으로 통하는 사상이 바로 『중용』 수장의 문구—"성을 따름을 도라고 한다"(率性之, 謂道)라는 것이다.

다. 그에 따르면 본연의 오성을 올바르게 발현시키기 위해 심心의 작용이 일어나기 전(未發)과 후(已發)에 각각 함양涵養과 성찰省察을 해야 한다. 보다 근본적으로는 '경敬'—정신을 한데 모아 '진지한 마음가짐을 이룸'—으로 일관하는 수양을 해야 한다. '경' 개념을 중요시하여 기회 있는 대로 그것을 역설한 학자가 성리학자 중에도 특히 이황이다.

(2) 정약용의 경우

본성에 대한 정약용의 견해부터 상기하자. 본성의 유래를 그도 『중용』의 이론, "천이 명한 것을 성이라 한다"(天命之謂性)는 이론에 따라 천부로 주어진다고 여겼다. 이는 이황 등 성리학자들과 다르지 않다. 하지만 이 명제에 대한 해석으로 드러내는 그의 사유가 이황 등과 다르다. 성을 리와 동일시하지 않는 정약용은 '천이 곧 리라'는 명제를 부정했다. 그 이유는 '천'과 '성'을 모두 '리'로 이해하면 "리理가 명한 것을 리理라 한다"[24]는 의미로 되기 때문이다. 그는 천 자체를 '상제'(하느님)로 복원했고, 상제가 부여한 것이 성이고, 그 성 또한 리가 아닌 '기호嗜好'일 따름이었다.

본성인 인의예지가 "마음속에 과립顆粒처럼 있지 않다"는 식으로 그 실재성을 부정한 그였다. 이처럼 그는 '인仁' 등을 심 속의 '리'로 간주하지 않을 뿐 아니라, 그 독자적 덕목으로 여기지도 않았다. 심지어 그것을 오륜의 (부자유친의) '친親'과 같다는 사유도 부정했다. 이황 등과 달리 그는 인 등 본성의 자발적 발로를 긍정하지 않기 때문이다. 그에 있어 오륜도

24) 丁若鏞, 『與猶堂全書』, 2집, 권6, 「孟子要義」, 141쪽.

덕의 성립 자체가 이황 등의 경우와 같지 않다.

정약용에 있어 도덕은 천天, 곧 상제가 인간에게 부여한 '자율의 권능'(自主之權)으로 이루어진다. 이를 다음과 같이 해명했다.

> 천은 인간에게 자주의 권능을 주었다. 가령 선善을 하려고 하면, 선을 행하고 악惡을 하려면 악을 행하며,…… 그 결정은 자기에게 달렸다.…… 이는 심心의 권능(權)이지 성性이 아니다.[25]

> 인仁이라는 글자는 두 사람(二人)이다. 사람과 사람이 그 본분을 다함을 인이라 한다.[26]

> 인의예지의 명칭은 본래 우리 인간의 행사行事에서 생기는 것이지, 심의 현묘한 리理로 있는 것이 아니다.[27]

인仁을 비롯한 본성들의 성격은 인간의 '자율적 의지 및 권능'으로 해서 생긴다. 그것은 자율적 자의적 행위의 결과로 이루어지지, 이황 등의 견해처럼 심 속에 실재하다가 나오는 리理가 아님을 그는 강조했다.

이처럼 정약용이 성을 기호라고 이해했다고 해서 도의道義와 무관하게 사유하지는 않았다. 그에 있어서도 도의와 연결되는 것은 역시 성性이다. 인간에게는 상제가 부여한 성령性靈의 세계에 (금수나 초목에 없는) '도의의 성'이 있다고 한다. 금수에게는 기질의 성(氣質之性)만 있는 데 견주어

---

25) 앞 책, 2집, 권5, 「孟子要義」, 111~112쪽.
26) 앞 책, 1집, 권19, 「答李汝弘」, 410쪽.
27) 앞 책, 2집, 권4, 「中庸講義補」, 61쪽.

인간에게는 '기질과 도의道義 두 가지가 합쳐진 성'이 있다는 것이다.[28] 상제가 내려준 인간의 성에는 기질로 인한 본능적 식색食色의 기호와 선과 의를 좋아하는 기호가 있다는 것이 그의 사상이다. 이를테면 맹자의 선 지향의 '재才'와 같은 기호의 특성(可仁, 可義, 또는 悅我心)을 그도 고려한 것이다.[29] 결국 그에 있어서도 도덕은 '선 지향의 기호'인 '도의의 성'으로 인해 이루어진다. 다만 그 도의의 성도 내 마음에 상제가 부여한 '영명의 자주 능력'이라 함에 유의해야 한다.

정약용에 따르면, 계신戒愼, 공구恐懼 등의 수양 또한 상제가 부여한 영명으로 가능하다.[30] 이런 맥락에서 그는 '지천知天' 또는 '지천명知天命'을 가장 중요시했다. 수양에 의한 도덕 행위는 그에 있어 상제를 섬기는(事天) 의미를 지녔기 때문이다.

도덕을 인정하므로 그는 오륜 자체를 부정하지 않았다. 다만 그 시행에 대해서만 그 나름의 견해를 표명했을 따름이다. 시행에 대한 사유란 당시 오륜의 관례적 시행은 윗사람 본위로 수직적 질서 형식으로 행해지던 점을 교정하려 한 것이다. 이 점은 이미 16세기 이이도 「사창계약속社倉契約束」을 통해 얼마큼 시도했지만 그것과도 다르다. 이이는 '부부유별夫婦有別'을 부부의 공경으로 해석했을 뿐이다. 이에 견주어 정약용은 오륜 전체의 실행을 '쌍무호혜의 수평적 질서' 형식으로 하도록 주장했다. 그런 점에서 그는 부의父義, 모자母慈, 형우兄友, 제공弟恭의 실천을 역설했다. 이

28) 앞 책, 2집, 권6, 「孟子要義」, 135쪽.
29) 앞 책, 2집, 권4, 「中庸講義補」, 61쪽 및 1집, 권19, 「答李汝弘」, 414쪽 등.
30) 앞 책, 2집, 권3, 「中庸自箴」, 47쪽.

를 집약적으로 강조할 때 그는 '효孝, 제悌, 자慈'로 강조했다. 아랫사람은 효행(孝)과 공경(悌)을, 윗사람은 사랑(慈)의 실천을 특히 강조했다.[31] 따라서 정약용의 윤리도덕은 오륜의 다섯 개념(親義別序信)보다 '효孝, 제悌, 자慈' 세 개념으로 축약되는 것이었다.

이로써 정약용의 경우 기본 철학의 개념과 주요 명제가 각 분야마다 성리학의 그것들과 판이한 사실이 분명해졌다. 역설하는 강도와 범위에 약간의 차이는 있었지만, 이런 현상은 정약용 외에도 이미 박세당, 이익, 박지원, 특히 홍대용에서도 나타나기 시작한 것이었다. 이에서 우리는 기본 개념과 명제가 서로 다른 철학을 동일한 철학으로 여긴 사례는 동서고금을 막론하고 단연코 없음을 다시 상기한다. 조선 후기 탈성리학적 실학은 결코 성리학과 분별되지 않는다거나, 마치 성리학의 연장처럼 여길 수 없음이 명백하고도 확실해졌다.

31) 앞 책, 2집, 권1, 「大學公議」, 4쪽.

11. 탈성리학적 실학의 근대적 성격

1) 철학과 시대의 연관성

철학이란 시대를 초월한 보편성을 추구하지만, 한 시대의 당면 문제 해결을 위한 학문이기도 하다. 그중의 기본 개념이나 주요 명제는 그 문제 해결의 유용성 탐색에서 이룬 것이라 할 것이 많다. 따라서 그것들에 대한 연구는 그와 연관된 시대파악도 가능케 할 수도 있다. 탈성리학적 실학의 연관된 시대는 '근대'에 해당한다. 그런 만큼, 그것은 '근대화'와 어떤 관계에 있었을까 라는 문제의식으로도 살필 만하다.

근대와 근대화에 대한 규정은 연구자의 시각에 따라 차이가 있을 수 있다. 고정된 규정이 없으므로 여기서도 필자 나름의 자의적 규정이라도 내려야겠다. 그것은 다음과 같이 가정하면 용인될 만하지 않을까 싶다. 곧 17세기 이후 19세기에 이르는 기간이 근대이고, 이 기간 인간의 지성이 '추구한 변혁의 사유'가 곧 '근대화'라는 것이다. 다만 그 근대화의 내용은 다양할 수 있다. 정치 · 경제 · 산업 · 과학 등에서 이룬 민주화民主化,

부유화富裕化, 산업화産業化, 과학화科學化 등이 그런 것이겠다. 필자는 바로 이 내용들에 초점을 맞추어 고찰하려 한다. 이런 식의 규정으로 접근하는 근거는 이것이 '문명의 진보 발전'과의 연관성이 가장 깊은 데 있다.

이처럼 다양한 국면을 고려하면서 후기 실학의 철학을 재해석하려면, 그 또한 간단할 수 없을 것 같다. 물론 성리학이 전근대 사상에 해당하는데, 성리학을 부정하고 이룬 것이 후기 실학이므로, 후기 실학은 곧 근대 사상이라는 논지도 가능하다. 하지만 지금의 이 논의는 그런 사유의 변천만 가지고 내는 과제가 아니다. 그 근대가 띤 특성 형성에 후기 실학이 작용한 사상적 영향의 양상 파악을 문제로 올린 것이다. 따라서 이는 꽤나 다양한 측면들로 접근해야 하는 문제임을 알아야 한다. 이에 대하여 필자로는 개인의 주관적 시각에 따라 평소 고찰해 온 '탈성리학적 실학의 구체적 철학' 가운데 몇 가지 특정 자료에 의한 발표로 대신할까 한다.

2) 실학의 철학적 기반과 근대적 성격

(1) 주기主氣 철학의 경향

앞서 논의한 기본 개념들을 또다시 되돌아보자. 홍대용이나 정약용은 리理의 실재성이라든가 그 원인 의미 등을 부정하고, 이를 기氣의 작용에서 있게 되는 '조리', '질서'의 의미로만 인정했다. 이는 이황 같은 성리학자의 견해에 견주어 리理보다 '기氣에 치중'한 경향이다. 이른바 '주기主氣'의 사유였다.

실학의 시각에서 볼 때 주기 성향은 '사실' 또는 '실제성' 중요시와 밀접히 통하는 사유이다. 경세치용 또는 이용후생의 관점에서는 공허한 관념보다 감지되고 경험되는 현상 사실을 중요시하게 마련이다. '리'는 형이상의 추상적 특성이지만 '기'는 형이하의 구상적 특성인 만큼, 성리학보다 더 실제성에 비중을 두는 탈성리학적 실학이 '주기의 성향'을 띰은 필연이라 할 수 있다. 이 점은 탈성리학적 실학자들 리기론理氣論의 개별적 고찰로도 확인된다. 홍대용, 정약용 이외의 이수광, 박세당 그리고 북학자 중 박지원, 박제가 또한 그렇고 19세기 최한기에서는 아예 기일원론적 성향이라 할 정도이다.[1]

(2) 유명론적 명실론의 대두

유교 경전의 해석에서 반정주설反程朱說을 제기하여 탈성리학의 선봉에 섰던 박세당은 '성리학자들의 명실론名實論'과 상반되는 이론을 낸 학자로도 기억된다. 성리학자들은 일반적으로 명분, 명칭, 형식을 실리, 실효, 실질보다 더 중요시했지만, 박세당은 반대로 전자보다 후자의 것을 더 중요시했다. 그러한 경향이 그의 '예송관禮訟觀'과 '군자소인관君子小人觀'에서 잘 드러났다.

지난날의 예송에 대한 박세당의 사유를 다시 상기해 보자. 그는 당시 효종의 상을 당하여 '대비 조씨의 복상 기간'을 두고 서인과 남인이 다투던 현상을 가리켜 '한 가지 사실'에 대한 '두 명분론'의 대립으로 파악

---

1) 윤사순, 「실학의 주기적 성격」, 『아세아연구』 통권 第56호(고려대 아세아문제연구소, 1976) 참조.

했다.

> …… 마땅히 삼년복이라야 한다 해도 차장자次長子라 하지 않을 수 없고, 마땅히 기년복이라야 한다 해도 역시 효종을 차장자라 하지 않을 수 없다.…… 그러나 비록 기년이냐 삼 년이냐 하는 것은 서로 같지 않지만, 그가 차장자라는 사실은 결코 바꿀 수 없으며 양측이 같이 시인하는 것이다. 따라서 복제服制에서 양 설로 나뉘어 다툼이 분분하고 서로 배척하기가 끊이지 않음은 기이하다.[2)]

> (둘 모두) 하나의 설이다. 고례古禮에 이미 바른 글로 전해진 것이 없어 소疏에 따라 차이가 있다. 그러므로 그때의 예에 따라 갑을 행할 수도 있고, 을을 행할 수도 있으니, 옳지 못할 바가 없다.[3)]

그에 따르면 어느 상복을 적용하던 문제가 되지 않는다. 예란 절대적인 것이 아니고 그 때에 적합한 것, 곧 시중時中을 따르면 된다. 몇 년짜리 복을 입던지 '효종의 위상 자체'에는 영향 끼치지 않음을 알아야 한다. 장자로 대우한들, 차자로 대우한들, 효종이 이미 왕좌에 올라 행한 '임금이었던 사실'과는 아무 상관없음을 그는 강조했다. 결국 '명분은 사실을 좌우하지 못한다'는 것, 따라서 '사실을 떠나 명분에 집착할 필요가 없음'을 강조한 학자가 박세당이었다.

명분보다 사실을 중시하는 그의 태도는 '군자소인론君子小人論'에서도 똑같이 나타났다. 당시 군자니 소인이니 하는 지칭은 곧 심각한 인간평가

---

2) 朴世堂, 『西溪集』, 권7, 「禮訟辨」.
3) 앞(각주 2)과 같음.

용어였다.[4] 유학의 가치관으로 볼 때 '군자'는 인간이 도덕적으로 도달할 수 있는 이상적 인간상인 데 견주어, '소인'은 그 반대로 극복해야 할 인간상을 가리켰다. 누구에 대한 소인 칭호는 치명적인 인격 모독이었다. 그런데 박세당은 남들의 자기에 대한 이런 평가에 개의치 않았다. 이유는 군자, 소인의 평가적 가치를 불신 부정하는 데 있었다. 물론 그 또한 자기를 향해 군자라 하면 기쁘고, 소인이라 하면 불쾌할 수는 있지만, 문제는 '평가의 부정확'에 있다는 것이다. 자기에 대한 남들의 평가가 대개 사실에 부합하지 않기 때문이다. 그리고 자기에 대한 '감정의 호오'에 따라 평가를 '부정확하게'하는 것이 개의치 않는 이유였다. 긴요한 것은 '나 자신의 사람됨' 그 사실이지, 남들의 평가가 아니라는 것이 그의 주장이었다.[5] 그의 이러한 실질적 '사실 중요시' 태도는 외교 문제에 대응하는 '실리주의'와도 통했다.

홍대용은 그의 『의산문답』에서 허자虛子와 실옹實翁을 내세워 실옹이 허자를 가르치는 사상을 폈다. 그중 허자가 명분 · 명칭 · 형식에 빠진 인물을 상징하고, 실옹은 실제 실리 · 실용을 중요시하는 인물을 상징했다. 헛된 명분과 형식보다 실용 · 실리의 중요성을 인식시켜 '그의 실학을 일으키는 방법'이 바로 이 문답이었다. 이는 사유의 성향에 의거하여 기존의 '성리학을 탈각'하려던 그의 의지의 표명이었다.

최한기에 이르면 실학 형성의 이 사유 방식을 하나의 '명실론名實論'으로 정리했다. 그는 "명名은 실實에서 생기므로 그 실이 있으면 그 명도 있

4) 현상윤, 『조선유학사』, 192~193쪽.
5) 朴世堂, 『西溪集』, 권8, 「效愛惡說」.

게 되지만, 그 실이 없으면 그 명도 없게 된다"[6]고 했다. 아울러 "무릇 사물의 이름(名)은 바꿀 수 있지만, 그 실용實用은 바꿀 수 없다.…… 이목耳目의 이름을 바꾸어 이耳를 목目이라 하고 목을 이라 할 수는 있지만, 보고 듣는 실용에 이르면 그것을 바꿀 수 없다"[7]는 것이다. 어디까지나 내용이 있어 이름이 있게 되지, 이름이 있어 내용이 있게 되지 않음을 드러낸 사유이다. 이 같은 사유 방식이 곧 '실념론實念論'을 배척하는 '유명론唯名論'임은 더 말할 나위 없다. 이처럼 유명론의 각성에 의해 성리학적 명분 중시 경향을 타파한 것이 후기 탈성리학적 실학의 사상적 특성이었다.

(3) 견문, 경험 위주의 인식론적 사유

성리학자들은 인식에 있어 오관五官의 외감外感을 인정하지만, 그보다는 심이 본래 구비한 리기理氣의 속성에 치중하여 사물의 원리를 파악하는 경향이 더 짙었다. 사단四端 같은 본성의 발로에 대한 이황의 설명 형식이 그 대표적 사례이다.

탈성리학적 실학자들은 그렇지 않았다. 그들은 오관에 의한 감각의 기능을 오히려 강조하는 경향이 강했다. 그 좋은 증거가 '격물치지格物致知'에 대한 그들의 해석이었다. 성리학의 격물설은 격格을 지至(이르다)로, 물物을 사事로, 치致를 추극推極으로, 지知를 식識으로 이해했다. '격물'이란 '사물의 이치에 이르러 그 지극한 곳에 이르지 않음이 없음'이었고, '치지'란 '나의 지식을 끝까지 미루어 아는 바가 다하지 않음이 없도록 함'이었다.[8]

---

6) 崔漢綺, 『推測錄』, 권5.
7) 앞 책, 권1.

이런 치지의 완성 경지가 '활연관통豁然貫通', 곧 모든 사물의 겉과 안, 자세한 것과 성근 것에 모두 이르지(깨닫지) 않음이 없는 상태라 했다.[9] 아울러 주희는 심心을 대체大體라 하고 이목耳目을 소체小體라 하면서, 이목보다 심에 비중을 더 두었다.

정약용은 인식 작용의 궁극적 근거로 심을 인정하면서도, 이목의 기능을 그 심의 작용을 가능케 하는 (일종의 선행적) 통로로 이해했다. 인식에서 통로가 앞서는 만큼 그는 이목을 '소체'라 경시하지 않았을 뿐 아니라, 심을 '대체'라 하지도 않았다.

> 이목耳目이란 사물과 내가 서로 접할 때 그 문로門路가 되는 것이니, 귀는 소리를 들어 마음(心)에 보내고 눈은 색을 받아 마음에 들여보내니, 이것이 이목의 직분이다.[10]

> 이목이 받아들인 것 중에 따를 것과 따르지 않을 것은 심이 사려로써 정할 뿐이다.……[11]

이와 같이 심은 사려思慮의 기능을 하는 것이다. 그는 인식 작용의 궁극의 근거를 심의 사려에서 찾으면서도, 그 이전의 감각적 통로로서 이목의 기능을 매우 중요시했다. 이것이 바로 성리학자들의 견해와 후기 탈성리학자들의 견해의 차이점이다.

---

8) 『大學章句大全』, 「經1章」, 註.
9) 앞(각주 8)과 같음.
10) 丁若鏞, 『與猶堂全書』, 2집, 권6, 29쪽 뒤.
11) 앞(각주 10)과 같음.

19세기 후기 탈성리학의 끝자락에 위치한 최한기는 『신기통神氣通』에서 '통'이라는 신기神氣와의 교류를 감각이나 지각에 의한 것으로 상정했다. 이때 그는 인체가 지닌 감각기관을 '신기가 통하는 기계'[12]라 했다. 이목구비를 음색미향音色味香과 통하는 통로로 본 것이다. 나아가 그는 감각을 통한 인지 단계를 넘어, '추측推測'이라는 심의 능력을 논했다. 그가 말하는 추측은 견문見聞, 열력閱歷이 오래 쌓여 습염이 이루어져 생긴 것이다.[13] 그것은 또한 기氣 세계의 인과관계를 전제로 삼은 개념이다.

> 추推에는 반드시 인因이 있고, 측測에는 반드시 이以(까닭)가 있다. 인과 이가 없으면 '추'와 '측'은 없게 된다.[14]

이는 일정한 견문과 열력, 거기에 이어진 습염 등 '경험적인 인과관계'를 바탕으로 추측이 이루어진다는 뜻이다. 성리학자들에게서 볼 수 없던 인식론이다. 최한기의 인식론에서 '과학의 발달'을 보다 더 적극 뒷받침할 사상이 자리하고 있음을 본다.

(4) 타자적 법칙적 자연관

한 가지 더 되풀이하자. 성리학에서는 우주를 '리일분수理一分殊', 곧 '하나의 리로 된 체계'로 이해했다. 기氣의 측면으로 이해할 경우에도 기

12) 崔漢綺, 『神氣通』, 「序」.
13) 崔漢綺, 『推測錄』, 권1.
14) 앞(각주 13)과 같음.

로 된 '천인동질'인 점에서 '물아일체物我一體'를 주장했다. 리와 기 어느 모로나 본원유학의 '천인합일天人合一'의 사유를 계승했다. 주희는 심心으로도 천과 인은 동질이라는 뜻으로 인간의 심과 천지(자연)의 심이 서로 감통한다는 동중서董仲舒의 '천인상감설天人相感說'을 계승했다.

박세당은 천인상감설을 단호히 부정했다.[15] 인간과 자연은 서로 다른 이물異物이라는 이유에서였다. 그의 표현으로 '유類가 다르면 성性'도 다르다는 이론이다.[16] 다만 인간과 자연이 다 기氣로 되었다는 점에서만 둘의 상호관계를 생각하려 했다. 하지만 이 점도 아직 그에 있어서는 분명치 않았다.

정약용에 이르면 자연은 인간과 전혀 다르다고 분별하였다. 그는 특히 사유하는 '의식 활동 측면'에서 인간과 자연을 다르다고 강조했다. 인간은 스스로 의욕과 의지에 따라 행위하지만, 자연 특히 동물은 본능에 의해 필연적으로 그렇게 될 따름이라 했다.

> 선악善惡에 있어 인간은 자작自作하여 자주自主할 수 있다. 그러나 금수의 경우는 자작할 수 있는 것이 아니다. 그렇게 되지 않을 수 없이 되어지는 것이다.[17]

> 하늘은 인간에게 자주의 기능(自主之權)을 마련해 주어, 선하려 하면 선을 실제로 행하고, 악하려 하면 악을 실제로 행하게 했다. 들떠서 안정되지

---

15) 朴世堂, 『思辨錄』, 「中庸思辨錄」, 1章, 註.
16) 앞(각주 15)과 같음.
17) 丁若鏞, 『與猶堂全書』, 2집, 권2, 19장 앞쪽.

않을 때도 그 권능은 자신에게 있는 것이어서, 금수에게 고정된 마음(定心)이 있음과는 같지 않다.[18]

한마디로, 심이 '자작하고 자주하는 능력'의 유무가 곧 인간과 동물의 차이점이다. 심의 작용이 없는 초목의 경우는 더 말할 나위가 없다. 이렇게 '물아이분物我二分'의 사상이 그에게는 뚜렷이 자리했다. 이로써 정약용에게는 인간과는 전혀 다른 자연에 대한 '물리적 자연관의 각성'이 있게 되었다.

이런 사상 경향은 또 오행五行에 대한 이론에서도 드러났다. 성리학자들에게서 오행의 기는 우주 자연을 구성하는 '다섯 구성 요소'라고 여겨져 왔다. 하지만 이미 정약용에 앞선 박지원 및 박제가 이래 '오행의 요소要素 사유'를 버리고 구체적 '다섯 사물事物'일 뿐이라 이해하기 시작했다. 해서 자연을 도구화하는 사유로 전환하는 길을 열었던 것이다.

무릇 오행五行이란 하늘이 준 것을 땅이 함축한 것으로 인간이 얻어 쓰는 것이다.…… 그러므로 (오행의) 상생相生이란 서로 자모子母 관계가 아닌 상자相資로 생기는 것이다.[19]

박제가 또한 마찬가지로 생각했다.

오행이란 사람이 자질로 삼아 생하게 되고, 날로 이용함에 빠뜨릴 수 없

---

18) 앞 책, 권5, 34장 뒤쪽.

19) 朴趾源, 『燕巖集』, 권1, 「洪範羽翼序」.

> 는 것이다.…… 지금 천 리 되는 긴 강이 있으나, 물문(閘)으로써 곡식을 기르는 곳이 하나도 없으니, 수리水利가 행하여지지 않는 것이다.…… 화火가 화의 구실을 못하고, 쇠(金)가 쇠의 구실을 못한다.[20]

박제가에 있어 오행(수화목금토)은 우주 형성의 근본적 구성 요소가 아니고 '인간들이 이용할 다섯 물체'일 따름이다. 정약용은 바로 이들 사상의 영향을 받은 학자였다. 그가 이와 같은 사상을 가짐이 조금도 이상하지 않다. "그것들(오행)은 만물을 화생化生하는 원질原質이 될 수 없다"[21]가 정약용의 견해였다. 이처럼 성리학에서 우주 자연의 생성 요소로 믿던 오행마저 후기 탈성리학적 실학자들은 근본 요소 아닌 물체로만 이해했다. 이들의 자연은 인간과 분리된 '독자적 물체' 자체로 인식되고 이용될 대상이었다.

같은 맥락에서 자연에 의한 '재이災異' 또한 탈성리학적 실학자들의 사유로는 화복禍福 등 인간사와 분리된 그 '자체의 법칙에 의한 현상'이다. 이익은 "자연의 재이가 (어찌) 한 나라의 조그만 일이나 한 가지 작은 일로 (의미가) 바뀔 수 있는가?" 반문했다.[22] 홍대용도 일식日蝕과 월식月蝕에 대한 과학적 인식을 가졌던 터라, 그 현상을 인간계의 치란治亂과 무관하게 여긴 글을 남겼다. "달이 해를 가리면 일식이요, 지구가 달을 가리면 월식이다.…… 이것이 천도天道가 운행하는 상도다"[23]라면서, '천도' 이름

---

20) 朴齊家, 『北學議』, 外篇, 「五行汨陳之義」.
21) 丁若鏞, 『與猶堂全書』, 2집, 권1, 3장 앞.
22) 李瀷, 『星湖僿說』, 「天地門」.
23) 洪大容, 『湛軒書』, 「毉山問答」.

의 '자연법칙'의 존유를 밝혔다. 지구가 둥그니 중국만이 지구의 중심이 아니고 우리나라도 지구의 중심이라 할 수 있음을 주장한 학자가 그였다. 과학적 인식에 의한 '민족자주성의 각성'을 고취한 선각자였다.

이와 같이 후기 탈성리학적 실학자들은 성리학자들이 자연을 마치 인간과 유사한 종류의 대상으로 여기던 사유를 그 '객체적 법칙성의 각성'에 의해 탈피했음을 본다. 지난날 우주 자연에 대한 인간계의 가치관 적용이 무근한 오류임을 그들은 깨닫고 같은 오류를 범하지 않으려 했다. 그들은 '물리적 법칙'을 매개로 자연을 인간으로부터 독립시켜 '과학을 통한 그 이용'의 길을 텄던 것이다. 여기에 북학자들의 기구 이용을 위한 '공업화 추진 의지'를 더하면, 이런 것이 '산업화'와도 연계는 사유임은 말할 나위 없다.

(5) 욕구적 인간관

인간과 자연의 이분二分 사유는 인간을 자연과 별개의 '독존적 존재'로 상정했음을 뜻한다. 정약용은 그 독존적 인간관을 실제로 기론氣論으로 분명히 했다. 곧 우주 자연을 형성한 '일반적 기'와 인간이 소유한 '혈기血氣'에 대한 구별이 그것이다.24)

설령 자연과 인간을 모두 '리와 기의 합성'(理氣之合)으로 논할 경우에도 그의 사유는 성리학자들과 다르다. 이황 등은 인간과 사물을 이루는 리理를 궁극의 태극太極 또는 천명天命과 동일시했다. 하지만 정약용은 (누차

---

24) 丁若鏞, 『與猶堂全書』, 2집, 권5, 17장 앞.

언급한 대로) '리'를 맥리脈理라 할 뿐이어서, 태극이나 천명은 리와 무관하게 된다. 되레 그는 태극을 기라고도 했다. 기에 대한 사유로도 그에 있어 인간의 혈기는 의지의 '지志'와 관련된다. 그리하여 인간의 독자적 자주성自主性을 보강하는 형식의 사유와 연결된다. 그에 따르면, 혈血과 기氣와 지志의 특성은 아래와 같다.

> 그 형질形質을 논한다면, 혈血이 조粗한 반면 기는 정精하고, 혈이 둔鈍한 반면 기는 예銳한 것이다.…… 지志는 기의 수帥이며 기는 혈의 영領이다.[25]

이는 공자와 맹자 및 주희가 말한 '지志'를 연상케 한다. 일찍이 공자가 "삼군을 통솔하는 장수를 빼앗을 수는 있어도 필부의 뜻(志)을 빼앗을 수 없다"[26]고 했다. 인간 '의지'의 자율성, 이른바 자주성自主性을 강조했던 것이다. 맹자는 이 글귀에 대한 해석에서, '기를 다스리는 장수(帥)가 지志'라고 하면서 '지'에 의해 인간은 (천지에 충만한) '호연지기浩然之氣'를 가질 수 있다고 했다.[27] 맹자의 사상을 따르던 주희는 "지가 장수인 데 견주어 기는 졸도"라 명시했다.[28] 이에 이황 등은 '지'는 기에 의한 물아일체 또는 천인합일을 가능케 하는 원동력인 듯이 해석했다.

하지만 정약용은 지志를 어디까지나 심, 기, 혈의 관계에서 파악했다.

25) 앞(각주 24)과 같음.
26) 『論語』, 「子罕」.
27) 『孟子』, 「公孫丑」 上.
28) 『孟子集註』, 「公孫丑」 上.

"심이 발하여 지가 되는데 '지는 기를 밀어주고(驅氣)', '기는 혈을 밀어준다(驅血)'고 했다."[29] 그의 생각으로도 지志가 기氣를 다스리는 장수(帥) 같은 것이이고 기는 혈의 본원(領)이다. 하지만 기가 설령 호연의 기로 확장한다 해도, 지극히 '굳센 기상 또는 기개' 이상이 아니다. 인간 자체가 물아일체 식의 우주로까지 확대되는 존재가 아니기 때문이다. 정약용의 인간관은 어디까지나 물아이분物我二分의 상태에서 활동하는 한계 내의 존재로 상정된 것이다.

이는 인성人性에 대한 이해와 연관된 사유이기도 하다. 성리학자들은 인성을 본연의 성(本然之性)과 기질의 성(氣質之性)으로 분별하고, 주로 본연의 성에만 '성즉리性卽理'를 적용했다. 그들에 있어 리와 동일시되는 성은 본성에 국한되었었다. 이유는 대체로 맹자의 성선설性善說을 따라, 기질의 성은 악을 행하게 하는 원인으로 동물(禽獸)과도 공유하는 것이라는 데 있었다.

하지만 (되풀이해) 성을 '심의 기호嗜好'[30]라고 생각한 정약용에 있어서는 본연의 성과 기질의 성이라는 분별도 하지 않았다. 그의 사유로, 선악을 기준으로 하여 본연의 성과 기질의 성을 분별함은 잘못이다.

> 신명神明과 형구形軀는 묘합하여 떨어질 수 없다. 그러므로 형구의 모든 욕구도 이 성性에서 발동한다. 이것이 이른바 인심人心이며 기질의 설이 나오게 되는 것이다.[31]

---

29) 丁若鏞, 『與猶堂全書』, 2집, 권5, 17장 앞.
30) 앞 책, 2집, 권3, 2장 뒤.
31) 앞 책, 권15, 12장 앞.

그에 따르면 정신(神明)과 육체(形軀)는 분리되어 있지 않다. 따라서 성에서도 본연 또는 기질로 나눌 수 없다. 인심 그대로가 기질의 성이라는 것이 그의 주장이다. 기질을 심과 동일시함으로써 정情을 악의 원인이라는 식으로 천시할 수 없다. 이렇듯 정의 욕구를 자연스럽게 받아들이는 것이 그의 탈성리학적 사상이다.

정情의 순수성을 믿어, 기질의 성을 선악 중립인 자연시하는 태도는 정약용에 한정되지 않았다. 일찍이 박세당도 기질의 성을 긍정하는 입장에 있었다. 그런 예가 『논어』의 '시詩 삼백 편'에 대한 공자의 언급, '사무사思毋邪'를 주희와 상이하게 해석했던 것이다. 주희가 이를 "사특함이 없는(無邪) 것을 생각하라"는 식의 교훈으로 해석한 데 반해, 박세당은 "시가 정의 발함으로서 수식과 허위가 없는 말"이라 해석했다.[32] 정감의 순수성을 나타낸 것이 시라는 뜻으로 해석했다. 허균에 이르러서는 기질의 '정욕에 대한 긍정'이 더했다. 그는 "남녀의 정욕은 천天이 부여해 준 것이고, 분별의 윤기倫紀는 성인聖人의 가르침이다. 천이 성인보다 높으니, 성인의 예교禮敎는 어길지언정 천부天賦의 본성은 위반할 수 없다"[33]고까지 주장했다. 이런 사유로 탈성리학자들 대부분은 성리학자의 엄격한 금욕주의적 수양론을 따르지 않았다. 성리학자들이 예절의 형식에 치중하던 당시의 풍토에서 탈성리학적 실학자들은 인간을 생명이 있는 자연인의 '욕구체관欲求體觀'으로 벗어났다. 자연 앞에서 독존하는 자율적 인격체로서 욕구를 발휘하고 충족하려는 '욕구체적 자연인'이 후기 탈성리학적 실학자

32) 朴世堂, 『論語思辨錄』, 「述而」.
33) 安鼎福, 『順庵先生文集』, 권17.

들이 그린 인간상이라 할 수 있다. 이 또한 '소유욕의 충족을 당연시'하는 '자본주의적 근대사상'과 통할 수 있는 사상임에 틀림없다.

(6) 자율적 윤리, 도덕관

성리학자들은 윤리도덕을 절대적인 것으로 믿었다. 이유는 『중용』에 따라 그것을 천명天命에 근원했다(天命之謂性, 率性之謂道)고 여긴 데 있다. 설령 천명을 리理로 환원하더라도 '리' 또한 불변하는 것이어서 그 절대성은 여전하다. 이황 등에 있어 윤리도덕은 이렇듯 인간의 뜻으로 된 가변, 상대적인 것이 아니었다.

하지만 후기 실학자들은 윤리도덕을 인위로 된 상대적 규범으로 여겼다. 일찍이 박세당은 도덕이란 결코 태생적으로 되는 것이 아님을 주장하여 그 상대성에 눈을 돌린 학자였다.

> 만약 주자가 말한 대로 도道가 천리天理의 본연이라면, 마음(心)이 갖추고 있는 도를 성이라 해야지, 성을 따르는 것이 도라고 함은 옳지 않다. 또 도가 성性의 덕德이고 마음에 갖추어 있다면, 일용의 사이에 도를 따르는 것이라고 해야 옳지, 다시 성을 따르는 것이라 하는 것은 옳지 않다.[34]

박세당의 견해로, 주희가 말한 대로 '도가 성의 덕'이라고 한다면, (『중용』의) '성을 따르는 것(率性)을 도라 한다'는 표현은 바뀌어야 한다. 본래 주희에게 있어 도는 선험적으로 인간과 사물에 다 같이 적용되는 필연적

34) 朴世堂, 『思辨錄』, 「中庸思辨錄」, 제1장 주.

법칙이다. 하지만 박세당에 따르면, "사람은 도를 알 수 있지만, 물物은 도를 알 수 없다"[35]고 하여, 도덕의 도가 태생적(필연적)으로 행하여지는 것이 아님을 논했다. 그는 '성을 따른다'의 도는 어디까지나 인간의 자발적 의지와 관련된다고 생각했다. 결국 도덕은 인간 의지로 규정한 규범이라는 것이 박세당의 견해였다.

정약용의 사유도 이와 같다. 그에 있어 인의仁義 등의 성(기호)은 인간에게 본구된 것이 아니므로 도덕 행위는 결코 본성의 발로라 할 수 없다. 그는 아래와 같이 서술했다.

> 고자告子는 '인성人性으로써 인의를 한다(爲)'고 했고, 맹자는 '사람을 상하게 하고서도 인의를 하는(爲) 것이겠는가?'라고 했다. 이 두 개의 '한다'(爲)는 글자가 가장 분명하다. 인을 한다는 인을 실행한다는 것이고, 의를 한다는 것은 의를 실행한다는 것이다. 만약 인성 중에 본래 인의가 있었다(本有仁義)고 한다면, 두 개의 할 위爲 자는 이해될 수 없는 것이다.[36]

정약용에 따르면, 인의仁義란 어질고 올바른 행위를 '의도하고 실천'하려는 노력으로 이루어진다. 인의라는 이름은 의도하고 노력한 행위의 결과일 따름이다. 윤리도덕은 그의 견해로 보면 결코 선험적 절대적인 것이 아니다.

이처럼 윤리도덕에 대한 사상도 후기 실학자들에서는 성리학자들의 그것과 달라졌다. 윤리도덕을 인위의 노력에 의해 행해진다고 하는 사유

---

35) 앞(각주 34)과 같음.
36) 丁若鏞, 『與猶堂全書』, 2집, 권6, 18장 앞.

는 당시 예禮 또한 완결된 형식으로 절대시하지 않는 사유로 통한다. 후기 실학자들의 사유는 '사회규범 전반'에 대한 성리학자들의 명분 위주의 고식적 사유 전체를 부정하는 것이다. 당시 사회규범은 삼강오륜三綱五倫에서 보듯, 단순한 윤리도덕과 예에 그치지 않고 '정치적 체제의식'에까지 아우르던 점을 우리는 상기해야 한다. 그 군신 관계의 군주제마저 필연이 아닌 인위로 되는 것이라는 사유가 후기 실학자들의 사상적 특성이다. 자율적 인위로 이루어지는 것이 삼강오륜이고, 그런 까닭에 정치 사회의 체제마저 상대적 성격으로 파악한 것이 후기 실학사상이다. 이야말로 근대적 민주화의 싹이 트는 철학이 아닐 수 없다.

(7) 후생적 정치관과 인권의식적 사회관

이 문제에 접근을 위해 다시 성리학을 실학實學이라 한 근거를 상기해야겠다. 조선 초 성리학을 실학이라고 선두에서 주장한 학자는 바로 정도전이었다. 역성혁명 자체가 '개혁의 극치'와 같아서 거기에는 나름의 '구태를 벗는 새로운 사유'가 깃들었던 것이다. 역성혁명이 아니더라도 개혁이란 새로운 변화의 조치이다.

정도전이 단행한 조치가 여러 가지였지만, 사상적 조치는 물론 삼강오륜의 적극적 권장에 수반한 불교 배척이었다. 성리학을 통치원리로 채택하도록 한 정도전은 그 성리학에 대한 실학의 명칭을 『불씨잡변』, 곧 불교를 배척하던 자리에서 사용했다. 그가 불교를 비실제적이라고 배척한 이유는 성리학과 달리 '가정'과 '사회'와 '국가' 생활의 불충실에 있었다. 유학인 성리학은 그 반대라는 것이다. 그리고 그에게는 신생 국가에서 충忠, 효孝 등 도덕과 예禮를 통해 가정과 국가 및 사회생활을 더욱더 알차게(實하게) 하려는 목적이 있었다.[37]

정도전이 실제로 행한 개혁의 조치 전체를 헤아리려면 장황할 정도이다. 특히 정치 사회 성격의 개혁적 조치를 거론할 경우 그렇다. 그는 조선의 헌법에 해당하던 『조선경국전朝鮮經國典』(태조 3, 1394)을 저작했다. 거기에는 조선 개국의 기본 강령과 육전에 관한 사무가 적시되었다.[38] 이어 그는 『조선경국전』 중의 「치전治典」 내용을 보강한 일종의 공무원 복무규정집 『경제문감經濟文鑑』(태조 4, 1395)을 간행케 했다.

이와 아울러 정도전에 의해 토지의 국유화(科田制)를 표방한 것 역시 마찬가지 성격이다. 고려 말 토지의 국유화가 허물어져 (공전마저 유명무실하게 되어) 심지어 국왕이 궁궐 유지용의 토지를 마련하려 한 점을 상기하면, 역성혁명에 따른 토지제 정비가 얼마나 민본民本 · 의민爲民 사상의 구현에 적극적 효과를 지닌 것이었나 추단할 수 있다. 이로써 불교를 국교로 한 고려조에 견주어, 성리학을 통치사상으로 채택한 조선시대의 이념적 구상에서 보인 차이가 얼마나 위민 · 민본의 기준에서 실제적이었는지 절로 드러난다. 바로 이런 점에서 정도전 등 조선 성리학자들은 '성리학을 실학實學'이라 여겼다.

이와 아울러 조선 초에 행한 개혁 성격의 조치로 빠뜨려서는 안 될

37) 이때의 예는 禮節로서의 '도덕' 성격이지, 이른바 三禮(禮記, 儀禮, 周禮)에 있는 '法'과 '制度'의 성격까지 뜻하지 않는다.
38) 이는 『周禮』 6전 체제를 따라 만든 것이지 그가 창안한 것은 아니다.

하나가 더 있다. 다름 아닌 윤리도덕을 포함한 넓은 의미의 예치禮治 측면이다. 이 측면은 비록 정도전 자신이 행한 조치가 아니지만, '조선의 정책적 특색'으로 간주할 만한 개혁 조치로서 의의를 지닌 것이다. 일찍이 세종 시기에 왕명으로 도덕 성격의 『삼강행실도三綱行實圖』(세종 14, 1432)를 간행했다. 이어 유학의 본격적인 윤리도덕의 핵심 '오륜사상의 고취'가 『이륜도』 등의 찬술로 본격화했다. 아울러 『주례』 중의 예치 조목 중 '궁궐의 예'(宮禮, 吉禮, 嘉禮, 賓禮, 軍禮, 凶禮)를 명시한 『국조오례의國朝五禮儀』를 간행했다. 물론 육전六典이나 오례의五禮儀는 고려조에서도 이용된 것이었다. 하지만 그 실행이 불교의 국교화로 인해 불투명하거나 매우 소극적이었다. 이를 조선에서는 삼강오륜과 함께 그 오례의 실행을 적극화했다. 이 모두가 성리학적 실학을 구체적으로 실천한 사례이다.

하지만 문제는 이 정치 구도의 '실제 정책적 시행'에 있었다. 정책 시행의 담당자는 왕과 그 이하의 사대부士大夫로도 통하던 양반층, 그리고 그들을 돕던 중인층 또는 그에 준하는 이속들이었다. 이들이 공무를 담당한 정책 시행의 핵심적 지배층이었다. 그런데 이들이 관리로 행해야 할 '예치禮治' 자체가 매우 애매한 성격이었다. 도덕과 함께 법률의 성격을 겸유한 것이 당시의 '예禮'여서, 법치가 예치에 묻혀 있었다. 『주례』에 입각한 『조선경국전』 이래의 『경국대전經國大典』과 이를 보강한 『속대전續大典』, 『대전회통大典會通』 등에 법률이 들어 있었지만, 실제 시행에는 내용의 모순과 미비로 인한 한계가 많았다. 특히 공무원인 벼슬아치의 '급료체계'가 매우 미비하고 부실했다.

고급 관리의 급료도 불충분했지만, 하급 관리일수록 그것은 더 심했다. 아전배로 일컬어지던 이속들에게는 '무보수'로 업무가 주어졌다. 직업적 공무집행은 봉사로 되는 것이 아님은 말할 나위 없다. 급료 체계의 부실은 자연히 관리의 부정부패를 가져오게 마련이었다. 더욱이 무보수로 업무집행에 임하라는 것은 '부정의 허용'이나 마찬가지였다. 이런 터에 시대의 흐름과 함께 늘어가는 왕족이나 국가 공훈자에게는 토지가 주어지는 제도로 인해 국유지가 축소되었다. 이와 같은 제도의 불비에 따른 부정부패가 마침내 15세기 말부터 삼정三政(곧 토지제, 군제, 환곡제)의 문란으로 심각해졌다. 그것은 한마디로, '양반층의 적폐'로 집약되는 것이었다.

16세기에 이르러 그 적폐는 벌써 고질화된 상태였다. 이이 같은 인물이 '조선 중기의 쇠퇴'라는 시대 진단을 하면서 개혁(更張)을 역설했지만, 왕의 무지와 무능은 그것을 제대로 시행하지 않아 무위로 돌아갔다. 아울러 그가 무실務實에 입각한 '유학 자체의 실학화實學化'의 노력을 기울였지만 모두 허사여서, 적폐는 여전히 심각해졌을 따름이었다.

조선 후기, 탈성리학적 실학자들은 대부분 비판적 태도로 시대 상황을 진단한 학자들이었다. 그 시대의 부조리를 포괄적으로 파악하여 대처하려 했다. 그 가운데는 자신이 속한 '양반층兩班層의 동태'마저 객관화하여 비판한 태도 자체가 성리학자들과 다른 모습이었다. 이이만 해도 양반층에 대한 '자기비판'을 날카롭게 하지는 않았다. 하지만 18세기 후반의 실학자 박지원이 저술한 『양반전』은 양반이 행한 날카로운 자기비판이고 자기반성에 다름 아니었다.

더욱이 후기 실학자들 대부분이 시대에 부응하는 합리적 개혁설을 내었고, 그렇게 할 수 있던 데에는 이들이 '권좌權座에 탐닉'하지 않거나 그

럴 수 없던 조건이 작용했음도 간과할 수 없다. 유형원은 아예 벼슬을 외면한 채 학문에만 뜻을 두고 '수록隨錄' 저술에 전념한 인물이었다. 이익은 갈수록 쇠락해지던 실권한 남인 집안의 처지를 벗어나지 못했다. 박세당은 소론으로 정권에 동조했으나 만년에는 권좌를 공개적으로 냉소하며 멀리한 학자였다. 홍대용은 노론 측에서 현감 군수 정도를 한 북학파의 영수로 개혁에 전념한 학자였고, 정약용이야 잠시의 벼슬살이로 그치고 18년간의 유배로 권좌와는 먼 거리에 있을 수밖에 없었다. 이 모두가 무능 부패한 양반층의 부조리에 차 있던 시대를 객관화하여 비판적으로 극복할 '개혁책'을 낼 수 있었던 '여건'이었다.

권좌와 거리를 둔 조건은 재야의 민생과 비슷한 처지인 만큼, 국민의 빈곤과 고통에 정통할 수 있었다. 민생의 열악한 상태에 관심을 두고 그 개선에 뜻을 둔다는 것은 곧 그들의 여건이 사실상 '민생을 대변하는 입장'이었음이다. 그들의 정신적 입장은 양반 아닌 이른바 민초들의 그것이었다. 이것이 후기 실학자들에게서 참다운 '위민爲民, 민본民本 정치'로의 복귀 의지에서 참신한 개혁설이 나오게 된 조건이었다. 한마디로 그들은 "국가를 떠받드는 으뜸가는 기운"(國之元氣)이라는 선비정신을 회복한 셈이고, 그 정신의 산물이 곧 그들의 개혁설이었다.

우선 개혁을 도모하는 의사를 표출한 형식부터가 탈성리학적 실학의 경우는 성리학자들의 것과 달랐다. 박학의 성과로 이룬 이른바 백과전서 형식의 저서들은 성리학자들의 10조목 내외의 상소문과는 판이했다. 어느 것이 시대 상황의 '다방면에 걸친 진단'인가를 이에서 알 수 있다. 그 저서의 내용과 성격이 각종 제도와 폐정의 척결을 담은 '개혁책'이었던 점에서 그 서적들은 탈성리학적 실학의 특징을 담은 것이었다.

아울러 저서가 가져올 효과도 생각해 볼 만하다. 상소문 정도의 개선책은 재상 중심의 일부 대신과 왕에게 영향을 주는 '지극히 제한된 효력'을 거두는 데 그쳤다. 하지만 저서로 전파되는 영향력은 양반 지식층 전반으로 확대되는 것이었다. 그것은 양반 지식층의 폭넓은 '공론화公論化의 효과'를 기대할 수 있었음을 고려해야 한다. 공론의 정책적 반영은 이미 이이가 발의했지만, 그것은 단순히 조정을 향해 언로言路를 이용한 데 그친 것이었다. 17세기 이래의 '저서가 갖는 공론화'는 그보다 더 개선된 방법이었다.

후기 실학자들이 제시한 개혁설보다 더 확실한 특징도 상기해야 한다. 유형원으로부터 정약용에 이르기까지 탈성리학적 실학자들이 제기한 개혁설은 다방면에 걸쳤었지만, 그 주종을 이룬 것은 전기 성리학자들에게서 보기 어려웠던 '토지제土地制 개혁설'이었다. 이것이 주종을 이룬 까닭은 농본국이던 당시 민생民生을 가능케 하는 가장 중요한 요인이 토지였기 때문이다. 토지는 민생의 생존을 위한 근본 받침대였던 데에 그 이유가 있었다. 후기 실학자들의 토지제 개혁설은 대체로 예로부터 이상시하여 오던 정전법井田法에 기초한 '균전均田의 합당한 실현'으로 계획한 이론이었다. 그 균전의 발상은 곧 '공평公平'으로 통하는 정신이 아닐 수 없다. 민생을 위한 '공평하고도 실제적인 구현'을 기획한 여기에 후기 실학의 '한 특징'이 자리하고 있었다.

유형원의 개혁설을 상기할 때, 토지의 분배는 각계각층에 걸친 국민 대다수에게 돌아가는 것이었다. 노비층이던 이른바 천예賤隷들에게도 해당되었다. 사실상 '전 국민의 생계를 책임지는 매우 광범한 복지정책福祉政策류의 구상'이었다. 개인뿐 아니라 교육기관에도 일정 크기의 토지가 주어지게 되었다. 서울과 지방의 각급 학교[39]가 다 그 대상이었다. 이는 전 국민의 교육을 국가가 책임지는 오늘날에도 실현되기 어려운 전국 학교의 '국립화의 시행' 성격이다.

그는 토지분배로 보인 '천예에의 대우 개선' 이상으로 '노비제奴婢制의 폐지閉止'를 주장했다. 이유는 노비도 양반과 마찬가지로 모두 '하늘이 낸 인간, 곧 천인天人'이라는 데 있었다. 이것이 바로 인간에게 '자유自由'를 향유할 '천부의 인권사상'이고, '인간 평등사상平等思想의 각성'에 다름 아니다. 노비제 폐지 자체가 곧 속박된 노예 신분의 '자유로운 해방' 아닌가! 자유와 평등 이념에 대한 각성이 여기에 있었다. 이는 일종의 '민본적 민주화'로 한 걸음 전진한 모습이었다.

유형원은 또 기존의 과거제 폐지를 역설하면서 그 대안적 설계를 특히 교육개혁과 연결시켰다. 1, 2차 학교를 이수하고 시험에 의해 태학太學의 교육을 이수하고서도 또 시험에 의해 특별히 마련된 진사원進士院의 실습을 마쳐야 비로소 관리가 되도록 했다. 이것이 '폐지해야 할 기존의 과거제의 대안'이었다. 그런데 이 과정의 이수 자격이 양반 자제에게만 한정되지 않았었다. 양반 자제는 물론이고 양민 중에도 '재능이 출중한 사람'(凡民俊秀者)이면 다 적용하는 구상이었다. 양반이라도 서얼이면 과거시험에서 배제하던 당시, 그 서얼은 물론이고 '양민에게도 주어지는' 특수

---

39) 지방에 세운 1차 학교인 邑學과 2차 학교인 營學, 서울에 세운 1차 학교 四學과 2차 학교인 中學 및 최상급 학교인 太學을 말한다.

우대조치였다. 국권의 담당에 있어 '양반 지배층과 양민층의 동등화'에 해당하는 계획이었다. 외국의 노예제 폐지와 맞먹는 '전근대적 사회계층의 파괴'가 이에 있음을 확인할 수 있다.

이상으로 서술의 정리 작업을 해야겠다. 후기 탈성리학적 실학에는 (1) 「주기 철학의 경향」과 (2) 「유명론적 명실론의 대두」로 인해, 명목 또는 명분보다 사실과 실제성 중시 사유가 강화되었다. 이에 더한 (3) 「견문, 경험 위주의 인식론적 사유」의 등장으로 과학화의 길을 여는 사상이 배태되었다. (4) 「타자적 법칙적 자연관」의 형성으로 물리적 법칙의 각성과 자연의 도구화 사상의 싹이 텄다. 이 또한 과학적 사유에 보탬이 되었고, 북학파 실학자들이 추구한 기구 기계 개발 및 상업 발달 의지는 '공업화' 지향이자 그에 의한 '산업화 사유'와도 연관된다. (5) 「욕구적 인간관」은 개인 소유욕의 정당화로 통하는 점에서 '자본주의적 재산의 사유화'와 '산업화'로 직결되는 사상이다. 여기에 또 실학자들의 '상공업의 장려' 의식을 더하면 더욱 그러한 것이다. (6) 「자율적 윤리, 도덕관」은 인간의 이른바 '자주적 권능'에 대한 자신감이고, 그에 의한 '개인의 자유'에 눈뜬 철학이다. (7) 「후생적 정치관과 인권의식적 사회관」은 사회복지와 노비제 폐지를 통한 '자유와 평등' 각성의 철학에 속한다. 따라서 이것이 '민주화를 뒷받침할 철학'이었음은 더 말할 나위 없다.

이로써 탈성리학적 실학의 이론들이 한국의 '근대화에 기여'한 사상이자 철학임이 확인된다. 비록 무르익은 근대화에는 미치지 못한다고 하더라도, 후기 탈성리학적 실학에서 근대화를 지향한 철학들이 싹트고 있었음은 의심의 여지가 없다. 이것이 이 항목의 정리로 내리는 필자의 결론이다. 여기에 거론한 '7가지' 외에도 더 좋은 자료가 없지 않을 것을 예상하면서, 앞으로 그런 것을 찾아 이의 보완적 자료로 삼기로 한다.

12. 마감하는 말

성리학적 실학이건 후기 탈성리학적 실학이건 그것들이 흥기한 시대 상황과 관련된 점을 이에서 더 분명히 하고 싶다. 불교의 기반 위에 있던 고려 말의 상황은 정치 · 경제 · 사회 등 거의 모든 부면이 매우 혼탁하고 부실했다. 정도전 등이 역성혁명을 감행한 명분은 그 부실한 상황을 보다 더 '민생에 실속 있게 하는 데' 있었다. 그 개인의 내심이야 어쨌건 그것이 외견상으로 내건 그의 최대 명분이었다.

당대 최상급 성리학자인 그는 특히 그 점에 대한 실천을 사상 측면으로 감행하는 재능도 발휘했다. 이는 불교가 고려의 정신적 지주 역할을 한 그 시대사조의 특징 파악에 따른 조치이기도 했다. 불교 배척에 초점을 맞추어 그것을 허학화하고 '성리학을 실학實學이라고 강조'한 이면에는 이런 사유가 뒷받침했다고 읽힌다. 고려의 쇠퇴라는 국가 위기의 대응에서 그는 그 나름의 새 이념으로 '실학 개념을 이용했다'는 이해가 가능하다.

실제로 조선조에서 정도전은 실학에 해당할 저술과 제도의 개혁을 시행했다. 시대사상의 전환과 법전의 정비를 통해 고려 말기보다는 건실한 '근세국가의 운영'을 시도한 셈이다. 그 운영의 효력이 대략 1세기 반 정도 지속되었던 것 같다. 그 기간에 성리학은 정도전의 의도와 주장대로 '실학의 역할'을 감당했다는 평가도 설득력을 얻을 만하다. 하지만 문제는 16세기에 들면서부터의 상황이었다. 조선의 성리학 풍토는 이이의 '중쇠中衰'라는 진단대로, 누적된 폐단들로 인해 개혁을 필수로 단행하지 않고서는 안 될 국면이었다. 경장책의 일환으로 이이가 감행한 '유학의 실학화實學化'는 그 실추된 상황 극복책으로 제기된 것이었다.

하지만 그의 경장설은 어느 하나도 제대로 구현되지 못했다. 정치의 문란은 더 극심해졌고, 민생은 더욱 처참히 질곡을 헤매야 했다. 국가의 위기가 명백해졌다. 조선 초에 실학이라 일컬어지던 성리학은 일종의 허학화되었다고 여긴 지난날 불교계의 상황을 재연하고 있던 처지였다. 사상의 변환으로 판단하면 성리학을 능가할 새로운 실학이 재차 요청되었던 시점이 17세기였다. 이즈음의 시대적 요구에 부응하여 발흥한 것이 '후기 탈성리학적 실학'이었음은 더 말할 나위 없다.

유형원의 『반계수록』에 담긴 개혁설은 이이의 경장설과 전혀 다른 차원의 '체제 전복에 해당하는 혁명' 성격을 띤 정도였다. 기존의 양반 지배층에서 그것을 수용할 리 만무했다. 그럼에도 용감하게 '반주자학' 또는 '탈성리학의 기치'를 든 행위로 해서 목숨까지 잃은 후기 실학자가 나타났다. 주희의 경학에 철저한 반기를 든 '탈성리학적 경전 해석', 곧 『사변록』을 저술해 내고 역사의 제물이 된 박세당이 그런 학자였다. 이보다 조금 앞선 윤휴는 예학자로서 예송에 참여했음에도, 탈성리학적 경전 해석을 제기해 목숨을 잃어 후기 실학의 길을 트는 데 일조했다.

성찰하자면, 이이의 성리학적 실학에는 시대를 선도하기에 부족한 약점이 이미 내재했었다. 시대사상 자체가 당대의 적합성을 띠더라도 거기에는 늘 한계가 없을 수 없다. 변천하는 시대 흐름에 영구히 적용될 '무한히 유용·유능한 사상'이란 없게 마련이다. 이이의 실학사상 역시 한 세기 이상의 후대를 이끌기에는 흠결이 잠재했다. 그가 비록 '평천하平天下' 조목을 제거하고 '치국治國' 조목을 대폭 증대 강화했지만, 그것은 곧 그의 사상의 한계 노정이기도 했다. 평천하의 제외는 곧 외교에 의한 국제질서에의 참여를 소홀히 한 조치였다. 치국 조목을 대폭 강화했지만, 거기에는 '농업' 이상의 '상업'과 '공업'의 장려 등을 결여한 점이 바로 그 흠결이었다.

시대의 변천은 17세기 중기에 벌써 서구의 천주교와 근대과학 곧 '서학西學'이 전래되었다. 그에 따라 서구의 천문·지리·역산·의학 등이 전입되었다. 그것들을 익히는 데 앞장선 후기 실학자 이익은 성리학적 인간관과 자연관을 벗어났다. 새로운 사조는 그 이후 실학자들에 의해 더욱 발전했다. 특히 병자호란(1636)으로 지난날 북벌의 대상이던 청나라에서라도 선진적인 것이면 받아들이자는 주장이 북학北學의 이름으로 등장했다. 바로 그 북학에서 익힌 것이 '상업과 공업'의 중요성 인지였다. 박지원의 『허생전』과 박제가의 『북학의』는 상공업 중요시 사유에 다름 아니었다. 실학이란 "사농공상 전체에 대한 학문이다"라는 박지원의 주장은 바로 후기 탈성리학적 실학자의 '실학 개념에 대한 새 정의定義'였다. 이 정의에 정약용과 최한기는 '국방'까지 더했다. 이상이 17~18세기 국가 현실이 날로 참담한 국망의 상태로 전락하던 상황에서 후기 탈성리학적 실학자들이 국가 운영을 보다 더 생산적이고 견실하게, 그야말로 실학다운 방향에서 이끌려고 진력한 모습이다. 후기 탈성리학적 실학의 정체가 이로써 분명해졌다.

19세기~20세기 초에 걸친 기간은 불행하게도 '양반층의 부패'에 더한 '외척의 발호'와 '왕권의 무능'으로 일관했다. 결과는 국치인 '일제의 강점'이라는 상황에 빠졌음은 다 아는 사실이다. 따라서 후기 실학은 결국 실제 효과를 보지 못한 채 역사의 뒷전에 잠재하게 되었다. 그것이 이룩한 근대화 성격의 사상은 빛을 못 보았지만, 그 사상과 철학이 뒷날의 역사에 영향이 없었다고 할 수는 없다. 그것은 우리 역사에 온축되어 '잠재하던 자강의 지혜'였고, 특히 1945년 광복과 더불어 새 출발을 한 한국인들의 '때를 기다리던' DNA였다.

이렇게 파악하면 1960년대 이후 한국의 급속한 산업화와 민주화의 발달, 이른바 성숙한 근대화를 특급 속도로 이룬 데에는 잠재되었던 후기 실학의 영향이 없지 않았을 것이다. 이것이 필자가 판단한 후기 실학의 '사상사적 의의'이다. 후기 실학자들이 애타게 염원하던 이용후생 지향의 '상공업 발달의 염원'이 산업화 이름으로 한강의 기적을 낳았다고 할 수 있다. 그리고 후기 실학에서 보인 '인간 자주적 권능'의 신념과 노비제 폐지 등에 깃든 '자유 평등 성격의 개혁 의지'는 민주화의 밑거름에 다름 아니었다. 하지만 후기 실학마저 이제는 흘러간 옛 사상에 지나지 않는다. 그 실학은 현재의 산업화와 민주화에서 매듭을 지은 셈이다.

오늘의 상황은 산업화의 성공에 민주화까지도 상당한 진전을 이루어 마침내 한국이 선진 대열에 들게 되었다. 하지만 보기에 따라 남북이 분단된 상태에서 '제4차 산업화 사회'를 맞은 이 시대 또한 새로운 위기의 요인이 도사리고 있음도 간과할 수 없는 실상이다. 이상기후, 환경오염의 폐해, 인지과학을 기초로 한 각종 첨단 과학과 기술에 깃든 위험 요소들이 다 그런 것이다. 문명을 개척하는 과학자로부터 일반인들에 이르기까지 새로운 윤리의식과 철학이 절실히 요망되는 것이 오늘의 상황이다. 이제는 우리의 미래를 위해 가칭 '신실학新實學' 사상이라도 모색하고 계발해야 할 시점이다. 필자보다 탁월한 후배들이 속속 지구촌 '문명의 진척 현황'을 투철하게 통찰하므로, 새로운 이름과 새로운 모습으로 변환할 우리 사상과 철학의 미래는 결코 어둡지 않을 것이라 확신하면서 필자는 이 서술을 마감한다.

참고문헌

1. 한국 역사서

『高麗史』, 연세대학교, 동방학연구소 편, 경이문화사, 1961.
『校勘 三國史記』, 韓國古典叢書 2, 민족문화추진회, 1973.
『三國遺事』, 서문문화사, 1994.
『朝鮮王朝實錄』, 國史編纂委員會, 동국문화사, 1957.
朴殷植, 『韓國痛史』, 달성인쇄주식회사, 1946.
魚允迪, 『增補東史年表』, 동국문화사, 1959.
鄭寅普, 『朝鮮史研究』, 서울신문사, 1946.

2. 문집류

郭鍾錫, 『俛宇集』, 아세아문화사, 1983.
權近, 『入學圖說』, 경문사, 1982.
____, 『陽村集』, 민족문화추진회, 1988.
權尙夏, 『寒水齋集』, 민족문화추진회, 1991.
金坵, 『止浦集』, 성균관대 대동문화연구원, 1966.
奇大升, 『高峯集』, 성균관대 대동문화연구원, 1979.
奇宇萬, 『松沙文集』, 경인문화사, 1987.
奇正鎭, 『蘆沙全集』, 보경문화사, 1983.
吉再, 『冶隱集』, 성균관대 대동문화연구소, 1987.
金宏弼, 『國譯, 景賢錄』, 삼화출판사, 1970.
金麟厚, 『河西全集』, 민족문화추진회, 1989.
金邁淳, 『臺山集』, 민족문화추진회, 2002.
金尙憲, 『淸陰集』, 민족문화추진회, 2002.
金元行, 『渼湖集』, 민족문화추진회, 1998.
金長生, 『沙溪遺稿』, 민족문화추진회, 1990.
金正喜, 『阮堂集』, 경인문화사, 1987.
金宗直, 『佔畢齋集』, 민족문화추진회, 1988.
金集, 『愼獨齋遺集』, 민족문화추진회, 1992.

金昌協,『農巖全書』, 경문사, 1976.
金昌翕,『三淵集』, 민족문화추진회, 1996.
金平默,『重菴文集』, 동문사, 1990.
南孝溫,『秋江集』, 민족문화추진회, 1988.
朴世堂,『국역 사변록』, 민족문화추진회, 1968.
______,『西溪全書』, 태학사, 1979.
朴世采,『南溪全集』, 경인문화사, 1987.
朴淳,『思庵集』, 민족문화추진회, 1989.
朴齊家,『貞蕤閣全集』, 여강출판사, 1986.
朴趾源,『燕巖集』, 민족문화추진회, 2000.
徐敬德,『花潭集』, 민족문화추진회, 1988.
成渾,『牛溪文集』, 아세아문화사, 1979.
宋時烈,『宋子大全』, 사문학회, 1971.
宋翼弼,『九峯集』, 민족문화추진회, 1991.
宋浚吉,『同春堂集』, 민족문화추진회, 1993.
愼後聃,『河濱集』, 아세아문화사, 2006.
安鼎福,『順庵全書』, 성균관대 대동문화연구원, 1970.
魏伯珪,『存齋集』, 민족문화추진회, 2000.
柳夢寅,『於于野談』, 동베개, 2006.
柳重教,『省齋集』, 동문사, 1974.
柳馨遠,『磻溪隨錄』, 명문당, 1982.
______,『磻溪雜藁』, 여강출판사, 1982.
柳希春,『眉巖集』, 민족문화추진회, 1989.
尹鳳九,『屛溪集』, 민족문화추진회, 1998.
尹宣擧,『魯西遺稿』, 민족문화추진회, 1993.
尹拯,『明齋遺稿』, 민족문화추진회, 1994.
尹鑴,『白湖全書』, 경북대 출판부, 1974.
李柬,『巍巖遺稿』, 민족문화추진회, 1997.
李景奭,『白軒集』, 민족문화추진회, 1992.
李圭景,『五洲衍文長箋散稿』, 동국문화사, 1959.
李德懋,『青莊館全書』, 민족문화추진회, ?.
李穡,『牧隱集』, 성균관대 대동문화연구소, 1986.
李承休,『動安居士集, 附, 帝王韻紀』, 성균관대 대동문화연구소, 1986.
李彦迪,『晦齋全書』, 성균관대 대동문화연구원, 1974.
李珥,『栗谷全書』, 성균관대 대동문화연구소, 1958.
李瀷,『星湖僿說類選』, 曺龍承影印本, 1976.
____,『星湖全書』, 여강출판사, 1984.

李仁老, 『破閑集』, 성균관대 대동문화연구소, 1986.
李齊賢, 『益齋亂藁』, 민족문화추진회, 1990.
李恒老, 『華西集』, 민족문화추진회, ?.
李玄逸, 『葛庵集』, 여강출판사, 1986.
李滉, 『退溪全書』, 성균관대 대동문화연구소, 1971.
張維, 『谿谷集』, 민족문화추진회, 1976.
張志淵, 『朝鮮儒敎淵源』, 滙東書館, 1922.
張顯光, 『旅軒全書』, 안동장씨남산파종친회, 1983.
鄭道傳, 『三峯集』, 민족문화추진회.
田愚, 『艮齋文集』, 경인문화사, 1999.
丁時翰, 『愚潭集』, 민족문화추진회.
丁若鏞, 『與猶堂全書』, 여강출판사, 1992.
丁若銓, 『思庵書牘』, 신안군, 1998.
鄭齊斗, 『霞谷集』, 민족문화추진회, 1995.
鄭之雲, 『天命圖解』, 고려대학교 소장본, ?.
正祖, 『弘齋全書』, 장서각, 1978.
趙光祖, 『靜菴集』, 민족문화추진회, 1988.
趙穆, 『月川集』, 민족문화추진회, 1989.
曺植, 『南冥集』, 아세아문화사, 1982.
趙翼, 『浦渚集』, 민족문화추진회, 1988.
趙憲, 『重峰集』, 민족문화추진회, 1990.
崔鳴吉, 『遲川集』, 민족문화추진회, 1992.
崔錫鼎, 『明谷集』, 민족문화추진회, 1995.
崔益鉉, 『勉庵全書』, 여강출판사, 1989.
崔致遠, 『崔文昌侯全集』, 면암선생기념사업회, 1970.
崔漢綺, 『明南樓叢書』, 성균관대 대동문화연구원, 1971.
韓元震, 『南塘集』, 雅盛文化社, 1976.
許穆, 『記言』, 민족문화추진회, 1992.
洪大容, 『湛軒書』, 민족문화추진회, 2000.
洪直弼, 『梅山集』, 민족문화추진회, 2002.
黃胤錫, 『頤齋全書』, 경인문화사, 1976.

3. 중국 고전과 문집

『道德經』, 中華書局出版, 1954.
『四書』, 성균관대 대동문화연구원, 1968.

『書經』, 보경문화사, 1983.
『性理大全』, 보경문화사, 1984.
『荀子』, 中華書局, 1954.
『詩經』, 보경문화사, 1983.
『呂氏春秋』, 臺灣中華書局, 1979.
『禮記』, 보경문화사, 1990.
『莊子』, 中華書局, 1954.
『周易』, 보경문화사, 1983.
『晉書』, 臺灣中華書局, 1981.
『漢書』, 臺灣中華書局, 1981.
『孝經』, 보경문화사, 1987.
羅欽順, 『困知記』, 臺北 中國子學名著集成編印基金會, 1978.
王守仁, 『王文成全書』, 臺灣 商務印書館, 中華民國, 1975.
劉安, 『淮南子』, 臺灣中華書局, 1971.
劉淸之 外, 『小學集註』, 경문사, 1979.
陸九淵, 『陸九淵集』, 北京 中華書局, 1980.
張載, 『張子全書』, 臺灣中華書局, 1976.
鄭顥·程頤, 『二程全書』, 경문사, 1981.
周敦頤, 『周敦頤集』, 北京 中華書局出版, 1990.
朱熹, 『朱子大全』, 中和堂, 1994.
朱熹·呂祖謙, 『近思錄』, 보경문화사, 1986.
陳淳, 『北溪字義』, 臺灣 商務印書館, 中華民國, 1975.

4. 한역서학서 및 원서

디아즈(Emmanuel Diaz, 陽瑪諾), 『天問略』, 臺灣商務印書館, 1983.
로(J. rho, 羅雅谷), 『五緯曆指』, 臺灣商務印書館, 1983.
마테오 리치(Matteo Ricci, 利瑪竇), 『天主實義』(天學初函), 아세아문화사, 1976.
__________, 『乾坤體義』, 臺灣商務印書館, 1983.
부노아(Michel Benoist, 蔣友仁), 『地球圖說』, 臺北 藝文印書館, 1967.
삼비아시(Francesco Sambiasi, 畢方濟), 『靈言蠡勺』, 아세아문화사, 1976.
알레니(Giulio aleni, 艾儒略), 『職方外紀』, 아세아문화사, 1976.
허설(John F. W. Herschel, 候失勒), 『談天』, 성균관대 존경각 소장본.

○ 저서

강만길 · 정창렬 외, 『다산의 정치경제 사상』, 창작과 비평사, 1990.
강재언, 『조선의 서학사』, 민음사, 1990.
구만옥, 『조선후기 과학사상사 연구 1, 주자학적 우주론의 변동』, 집문당, 1999.
금장태, 『한국실학사상연구』, 집문당, 1987.
김도환, 『담헌 홍대용 연구』, 경인문화사, 2007.
김명호, 『열하일기 연구』, 창작과 비평사, 1990.
김문용, 『홍대용의 실학과 18세기 북학사상』, 예문서원, 2005.
김영식, 『주자의 자연철학』, 예문서원, 2005.
김용섭, 『증보판, 조선후기농업사연구』 2, 일조각, 1990.
김인규, 『홍대용』, 성균관대학교 출판부, 2007.
문석환, 『호락논쟁의 형성과 전개』, 동과서, 2006.
문중양, 『조선후기 과학사상사』, 들녘, 2016.
백민정, 『정약용의 철학』, 이학사, 2007.
신용하, 『조선후기 실학파의 사회사상연구』, 지식산업사, 1997.
오상학, 『조선시대 세계지도와 세계인식』, 창비, 2011.
유봉학, 『연암일파 북학사상의 연구』, 일지사, 1995.
윤사순, 『퇴계철학의 연구』, 고려대학교 출판부, 1980.
______, 『한국유학논구』, 현암사, 1980.
______, 『한국유학사상론』, 예문서원, 1997.
______, 『조선시대 성리학의 연구』, 고려대 민족문화연구원, 1998.
______, 『유학의 현대적 가용성 탐구』, 나남, 2006.
______, 『실학의 철학적 특성』, 나남, 2008.
______, 『조선, 도덕의 성찰』, 돌베개, 2010.
______, 『한국유학사』 상 · 하, 지식산업사, 2012.
______, 『한국의 유학사상』, 두양사, 2016.
______, 『한국철학사상사』, 고려대학교 출판문화원, 2022.
윤사순 외, 『실학사상의 탐구』, 현암사, 1974.
윤사순 편, 『정약용』, 고려대학교 출판부, 1990.
윤사순 · 이광래, 『우리사상 100년』, 현암사, 2001.
이병도, 『한국유학사』, 아세아문화사, 1987.
이상은, 『이상은선생전집』, 예문서원, 1998.
이용범, 『한국과학사상사연구』, 동국대 출판부, 1993.
이원순, 『조선서학사연구』, 일지사, 1989.
이은성, 『역법의 원리분석』, 정음사, 1988.
이진경, 『맑스주의와 근대성』, 문화과학사, 1997.

이현구, 『최한기 기철학과 서양과학』, 성균관대 대동문화연구원, 2000.
이희덕, 『고려시대 천문사상과 오행설 연구』, 일조각, 2000.
장회익, 『삶과 온생명』, 솔, 1998.
전상운, 『한국과학기술사』, 정음사, 1983.
정성철, 『실학파의 철학사상과 사회정치적 견해』, 한마당, 1989.
정성희, 『조선시대 우주관과 역법의 이해』, 지식산업사, 2005.
정옥자, 『조선후기 조선중화사상 연구』, 일지사, 1998.
정인보, 『양명학연론』, 삼성미술문화재단, 1981.
조광, 『조선후기 천주교사 연구』, 고려대학교 민족문화연구원, 1988.
천관우, 『근세조선사연구』, 일조각, 1979.
최동희, 『서학에 대한 한국실학의 반응』, 고려대학교 민족문화연구원, 1988.
최삼룡 외, 『이재 황윤석—영정시대의 호남 실학』, 민음사, 1994.
최소자, 『명청시대 중한관계사 연구』, 이화여대 출판부, 1997.
최영성, 『한국유학통사』 4, 아세아문화사, 1995.
최영진 외, 『한국말 실학자 최한기의 철학과 사상』, 철학과현실사, 2000.
한국사상사학회, 『인성물성론』, 한길사, 1994.
____________, 『실학의 철학』, 예문서원, 1996.
____________, 『조선유학의 자연철학』, 예문서원, 1996.
한국철학사연구회, 『한국실학사상사』, 다운샘, 2000.
한우근, 『성호 이익 연구』, 서울대학교 출판부, 1980.
홍이섭, 『조선과학사』, 정음사, 1949.

John B. Henderson, *The Development and Decline The Chinese Cosmology*, Colombia University Press, New York, 1984.

Mark Setton, *Chong yagyong: Korea's Challenge to Orthodox Neo-confucanlsm*, State University of New York Press, 1997.

Martina Deuchler, *The Confucian Transformatlon of Korea*, HARVARD UNIVERSITY PRESS, 1992.

Matteo Ricci S. j., *THE TRUE MEANING OF THE LORD OF HEAVEN*, Translated by Douglas Lancashire and Peter HuKuo-chen, Ricci Institute for Chinese Studies, Kangchi Press, Taipei, 1965.

Sa-soon Yun(Youn), *CRITICAL ISSUES IN NEO-CONFUCIAN THOUGHT: THE PHILOSOPHY OF YI T'OEGYE*, KOREA UNIVERSITY PRESS, 1990.

Youn, Sa-soon(edited), *Korean Philosophy*(Sources and Interpretations), KOREA UNIVERSITY PRESS, 2015.

Wing-tsit Chan(edited), *Chu Hsi and Neo-Confucianism*, UNIVERSITY OF HAWAII PRESS, 1986.

Wm. Theore de Bary and JaHyun Kim Haboush(Editors), *The Rise of Neo-Confucianism In Korea*, Columbia University Press, 1985.

藪內淸, 『中國 天文曆法』, 平凡社, 1969.
劉金沂 · 趙澄秋, 『中國古代天文學史略』, 河北科學技術出版社, 1990.
張立文, 『朱熹思想硏究』, 北京 中國社會科學出版社, 1981.

F. 카프라, 『새로운 과학과 문명의 전환』, 이성범 · 구윤서 옮김, 범양사, 1985.
J. D. 버날, 『과학의 역사』 1 · 2, 김상민 옮김, 한울, 1995.
존 핸더슨, 『중국의 우주론과 청대의 과학혁명』, 문중양 옮김, 소명출판, 2004.
스티븐 에프 메이슨, 『과학의 역사』, 1 · 2, 박성래 옮김, 까치, 1987.

○ 논문

강만길, 「조선후기 상업자본의 성장」, 『한국사연구』 1, 1968.
구만옥, 「조선후기 시헌력 도입 과정의 대립과 갈등」, 『한국의 과학사 연구 40년과 한국 근대과학 100년』, 한국과학사학회, 2000.
______, 「조선후기 천체운행론의 변화」, 『실학사상연구』 17 · 18집, 무악실학회, 2000.
김교빈, 「하곡철학사상에 대한 연구」, 성균관대 박사학위논문, 2001.
김낙진, 「유형원의 성리사상」, 『동양철학』 4, 한국동양철학회, 1993.
______, 「우담 정시헌과 외암 이식의 체용론과 인물성논의」, 『인성물성론』, 한길사, 1994.
______, 「유형원 실학사상의 철학적 성격」, 『실학의 철학』, 예문서원, 1996.
김도환, 「홍대용 사상의 연구」, 한양대학교 박사학위논문, 2000.
김문용, 「북학파의 인물성동론」, 『인성물성론』, 한길사, 1994.
______, 「조선시대 유학자들의 음양오행론」, 『조선유학의 자연철학』, 예문서원, 1995.
______, 「천지-신비와 합리의 두 얼굴을 가진 자연」, 『조선유학의 개념들』, 예문서원, 2002.
김성환, 「김석문의 학문배경과 『역학도해』의 전승과정」, 『국학연구』 22, 한국국학진흥원, 2013.
김영호, 「실학과 개화사상의 연과문제」, 『한국사연구』 8, 한국사연구회, 1972.
김용섭, 「조선후기 경영형부농과 상업적 농업」, 『조선후기 농업사연구』 2, 일조각, 1969.
______, 「18, 19세기 농업실정과 새로운 경영농영론」, 『대동문화연구』 9, 성균관대 대동문화연구원, 1972.
______, 「조선후기 토지개혁론의 추이」, 『동방학지』 62, 1989.

______, 「주자의 토지론과 조선후기 유자」, 『증보판 조선후기농업사연구』 2, 일조각, 1990.
김용헌, 「최한기의 철학사상에 관한 연구」, 고려대학교 석사학위논문, 1987.
______, 「농암 김창협의 인물성론과 낙학」, 『인성물성론』, 한길사, 1994.
______, 「김석문의 우주설과 그 철학적 성격」, 『동양철학연구』 15, 동양철학연구회, 1995.
______, 「서양과학에 대한 홍대용의 이해와 그 철학적 기반」, 『철학』 43, 한국철학회, 1995.
______, 「여헌의 우주설」, 『여헌학의 이해』, 예문서원, 2015.
김인규, 「연암 박지원의 자연관과 역사의식」, 『태동고전연구』 3, 동양고전학회, 1994.
______, 「홍대용 사회개혁론의 특징과 그 의의」, 『한국사상과 문화』 32, 한국사상문화학회, 2006.
김태년, 「남당 한원진의 '정학' 형성에 대한 연구」, 고려대학교 박사학위논문, 2006.
김현영, 「실학 연구의 반성과 전망」, 『한국 중세사회 해체기의 문제』 상, 한울, 1987.
김형찬, 「이기론의 일원화 연구」, 고려대학교 박사학위논문, 1996.
김홍경, 「성호 이익의 과학정신」, 『대동문화연구』 28, 성균관대 대동문화연구원, 1993.
나일성, 「17, 18세기 한국의 천문관」, 『동방학지』 21, 연세대 국학연구원, 1979.
문중양, 「16, 17세기 조선우주론의 상수학적 성격」, 『역사와 현실』 34, 한국역사연구회, 1999.
______, 「18세기 조선 실학자의 자연지식의 성격」, 『한국과학사학회지』 21-1, 1999.
민영규, 「17세기 이조학인의 지동설」, 『동방학지』 16, 연세대 국학연구원, 1975.
박권수, 「서명응의 역학적 천문관」, 『한국과학사학회지』 20권 1호, 한국과학사학회, 1998.
______, 「서명응의 상수학적 자연관」, 『과학사상』 33, 범양사, 2000.
박성래, 「정약용의 과학사상」, 『다산학보』 1, 1978.
______, 「한국근세의 서양과학 수용」, 『동방학지』 20, 연세대 국학연구원, 1978.
______, 「홍대용의 과학사상」, 『한국학보』 23, 일지사, 1981.
박민정, 「담헌 홍대용의 이기론과 인성론에 관한 재검토」, 『퇴계학보』 124, 퇴계학연구원, 2008.
서종태, 「손암 정약전의 실학사상」, 『동아연구』 24, 서강대 동아연구소, 1992.
송영배, 「홍대용의 상대주의적 사유와 변혁의 논리」, 『한국학보』 74, 일지사.
______, 「『천주실의』내용과 그 의미」, 『철학사상』 5, 서울대학교 철학사상연구소, 1995.
______, 「유교와 기독교의 충돌과 대화의 모색」, 『철학과 현실』 35, 철학문화연구소, 1997.
신용하, 「다산 정약용의 여전제 토지개혁사상」, 김철준 박사 화갑기념논문집, 1983.
신정근, 「홍대용과 경험중심의 인식론적 이기관의 재생」, 『철학사상』, 13, 서울대 철학사상연구소, 2001.

안영상, 「성호 이익의 성리설 연구」, 고려대 박사학위논문, 1998.
양순자, 「'태극'의 미완성된 자연화」, 『동양철학』 43, 한국동양철학회, 2015.
원재린, 「영, 정조대 성호학파의 학풍과 정치 지향」, 『동방학지』 111, 연세대 국학연구원, 2001.
유경로 · 이은성, 「시헌력의 도입과 일전원리의 계산(초)」, 『동방학지』 31, 연세대 국학연구원, 1982.
유권종, 「다산의 천관」, 윤사순 편, 『정약용』, 고려대학교 출판부, 1990.
유봉학, 「북학사상의 형성과 그 성격」, 『한국사론』 8, 서울대 국사학과, 1982.
______, 「18세기 남인 분열과 기호남인 학통의 성립」, 『한신대학논문집』, 한신대출판부, 1983.
______, 「18-19세기 연암일파 북학사상의 연구」, 서울대학교 박사학위논문, 1992.
유인희, 「실학의 철학적 기반」 1, 『동방학지』 35, 연세대 국학연구원, 1983.
______, 「성호사상의 철학사상」, 『진단학보』 59, 1985.
______, 「홍대용 철학의 재인식」, 『동방학지』 73, 연세대 국학진흥원, 1991.
윤사순, 「박세당의 실학사상에 관한 연구」, 『아세아연구』, 46, 고려대 아세아문제연구소, 1972.
______, 「이규경 실학에 있어서의 전통사상」, 『아세아연구』, 50, 고려대 아세아문제연구소, 1973.
______, 「율곡사상의 실학적 성격」, 『한국사상』 11, 13, 한국사상연구소, 1974.
______, 「실학적 경학관의 특색」, 『실학논총』 1, 전남대 출판부, 1975.
______, 「실학사상의 철학적 성격」, 『아세아연구』 56, 고려대 민족문화연구소, 1976.
______, 「근대(조선말) 유학에 관한 연구」, 『동양학』 12, 단국대 동양학연구소, 1982.
______, 「다산의 인간관」, 『정다산 연구의 현황』, 민음사, 1985.
______, 「정문암의 개혁사상」, 『동양학』 17, 1986.
______, 「실학의 철학적 기반」, 『한국사상사학』 1, 1987.
______, 「신실학적 신 이념의 모색」, 한국공학회 편, 『신실학의 탐구』, 열린책들, 1993.
______, 「실학 의미의 변이」, 『민족문화연구』 28, 1995.
______, 「명재(윤증)의 성리학적 실학」, 『도산학보』 4, 1995.
______, 「지봉(이수광)의 무실사상」, 『퇴계학보』 90, 1996.
______, 「정약용의 탈성리학적 철학」, 『전통과 현실』 15, 고봉연구소, 2001.
______, 「천주교가 조선후기 사상사에 끼친 영향」, 『도양철학연구』 27, 동양철학연구회, 2002.
______, 「서계 유학의 철학적 특성」, 『서계 박세당 연구』, 집문당, 2006.
______, 「인간과 타물에 대한 홍대용의 탈성리학적 철학」, 『한국사상과 문화』 39, 한국사상과 문화학회, 2007.
______, 「다산 정약용의 탈성리학적 실학의 대성」, 『공자학』 22, 한국공자학회, 2012.
______, 「신실학의 의미와 구성 방향」, 한국실학학회 편, 『신실학의 현재적 지평』, 학자

원, 2018.
이경구, 「담헌의 지식인 교유와 지성사적 위치」, 실시학사 편, 『담헌 홍대용 연구』, 사람과 무늬, 2012.
이봉규, 「21세기 실학 연구의 문법」, 연세대 국학연구원 편, 『한국실학사상연구』 1, 혜안, 2006.
이상은, 「실학사상의 형성과 전개」, 『창조』, 1972.
이용범, 「이익의 지동설과 그 논거」, 『진단학보』 34, 진단학회, 1972.
______, 「김석문의 지전설과 그 사상적 배경」, 『진단학보』 41, 진단학회, 1976.
______, 「이조 실학파의 성양과학 수용과 그 한계」, 『동방학지』 58, 연세대 국학연구원, 1988.
이우성, 「실학연구서설」, 『실학연구입문』, 일조각, 1973.
이을호, 「실학사상의 철학적 측면」, 『한국사상』 13, 한국사상연구회, 1975.
이정철, 「인조 초 삼도대동법 논의와 경과」, 『한국사연구』 121, 한국사연구회, 2003.
장숙필, 「김석문의 『역학이십사도해』」, 『도설로 보는 한국유학』, 예문서원, 2000.
장회익, 「조선 성리학의 우주관」, 『한국과학사학회지』 10-1, 1988.
______, 「조선후기 초 지식계층의 자연관」, 『한국문화』 11, 서울대규장각 한국학연구원, 1990.
______, 「조선 실학의 과학사상」, 『삶과 온생명』, 솔, 1998.
전상운, 『담헌 홍대용의 과학사상』, 『이을호박사정년기념실학논총』, 전남대출판부, 1975.
전용훈, 「조선후기 서양천문학과 전통천문학의 갈등과 융화」, 서울대 박사학위논문, 2004.
정창열, 「실학」, 『한국학연구이문』, 지식산업사, 1990.
______, 「실학의 역사관」, 『다산의 정치경제 사상』, 창작과 비평사, 1990.
정호훈, 「한국 근·현대 실학 연구의 추이와 그 문제의식」, 『다산과 현대』 2, 연세대 강진다산실학원, 2009.
조광, 「정약용의 민권의식 연구」, 『아세아연구』 19-2, 고려대 아세아문제연구소, 1976.
____, 「홍대용의 정치사상연구」, 『민족문화연구』 14, 고려대 민족문화연구소, 1979.
____, 「실학의 발전」, 『한국사』 35, 국사편찬위원회, 1998.
____, 「개항기 및 식민지 시대 실학연구의 특성」, 『한국실학연구』 7권 9호, 한국실학학회, 2004.
조성산, 「조선후기 낙론계 학풍의 형성과 경세론 연구」, 고려대 박사학위논문, 2003.
지두환, 「조선후기실학연구의 문제점과 방향」, 『태동고전연구』 3, 한림대 태동고전연구소, 1987.
천관우, 「반계 유형원 연구」 하, 『역사학보』 3, 역사학회, 1952.
______, 「실학 개념 성립에 관한 사회사적 고찰」, 『이홍직박사화갑기념 한국사학논총』, 1969.

한우근, 「이조실학의 개념에 대하여」, 『진단학보』 19, 진단학회, 1958.
______, 「개항당시의 위기의식과 개화사상」, 『한국사연구』 2, 한국사연구회, 1968.
허남진, 「조선후기 기철학 연구」, 서울대 박사학위논문, 1994.
허태용, 「조선후기 중화계승의식의 전개와 북방고대사인식의 강화」, 고려대 박사학위논문, 2006.

찾아보기

고가이슬(Anton Gogeisl, 鮑友管) 146
공자孔子 28, 35, 38, 44, 56, 97, 118~119, 121, 132, 170, 197, 199
굴원屈原 137
김만기金萬基 99
김장생金長生 39~41
김좌명金佐明 99
김진규金鎭圭 102
김창협金昌協 102
김창흡金昌翕 102
김효원金孝元 104
남구만南九萬 98
남이성南二星 98
남일성南一星 98
도연명陶淵明 114
동중서董仲舒 193
디아즈(Emmanuel Diaz, 陽瑪諾) 135
리치(Matteo Ricci, 利瑪竇) 128
문일평文一平 15
박세당朴世堂 46~47, 98~99, 100~103, 106~124, 132, 148, 183, 187~189, 193, 199~201, 206, 212
박은식朴殷植 15
박제가朴齊家 54, 64, 171, 174, 187, 194~195, 213
박지원朴趾源 52~54, 59, 143, 171, 183, 187, 194, 205, 213
반정균潘庭筠 146
샬(Adam Schall, 湯若望) 133, 135
서경덕徐敬德 150, 173
서필원徐必遠 99
송시열宋時烈 95~96, 99, 102, 105, 113~114, 143
신채호申采浩 15
신후담愼後聃 127, 133~134, 138
심의겸沈義謙 104
심충겸沈忠謙 104
안정복安鼎福 45, 128
안향安珦 31
엄성嚴誠 146
유몽인柳夢寅 128
유성룡柳成龍 69
유형원柳馨遠 16, 45, 48~49, 64, 76~82, 84~90, 93, 130, 161, 163, 206~208, 212
육비陸飛 146
윤원형尹元衡 37, 104
윤증尹拯 39~41, 44, 101, 116
윤휴尹鑴 94~97, 132, 212
이경석李景奭 101~102
이고李翺 27
이규보李奎報 28, 31
이색李穡 32
이수광李睟光 16, 43~45, 128, 187
이원행李元行 143
이은상李殷相 99
이의李顗 31
이이李珥 33~37, 39, 63~74, 89~90, 96, 116, 130, 143, 158, 182, 205, 207, 212~213

이익李瀷 16, 45, 48~49, 76, 89, 93, 127~129, 131~140, 143, 147, 183, 195, 206, 213
이익명李翼明 102
이인엽李寅燁 102
이제현李齊賢 32
이탄李坦 102
이황李滉 33, 36~37, 41, 96, 130, 168~169, 172~175, 177~181, 186, 190, 196, 200
임춘林椿 28, 31
장자莊子 136, 158
장재張載 28
정구鄭逑 41, 44
정도전鄭道傳 30~32, 202~203, 211~212
정몽주鄭夢周 32
정사무鄭思武 98
정약용丁若鏞 16, 55~59, 76, 93, 128, 148, 168, 170~171, 173~174, 176~178, 180~182, 186~187, 191, 193~197, 199, 201, 206~207, 213
정이程頤 27~28, 169
정인보鄭寅普 15~16
정지운鄭之雲 155, 175
정호程顥 28
정호鄭澔 102
주돈이周敦頤 28, 172
주희朱熹 28, 31, 36, 46, 94, 96~98, 101, 114, 119~123, 131, 143, 191, 193, 197, 199~200, 212
최남선崔南善 15
최한기崔漢綺 55, 58~59, 187, 189, 192, 213
한유韓愈 27, 132
할러슈타인(August von Hallerstein, 劉松齡) 146
허균許筠 128, 199
허목許穆 41, 95, 105, 130
홍대용洪大容 50~52, 143~163, 168, 174, 183, 186~187, 189, 195, 206
홍억洪檍 145

『가례家禮』 131
『가례익家禮翼』 131
『가례집람보주家禮輯覽補注』 41
『간평의설簡平儀說』 129
『강목綱目』 114
『격몽요결擊蒙要訣』 37
『경국대전經國大典』 204
『경설문답經說問答』 77
『경세유표經世遺表』 16, 57, 93
『경제문감經濟文鑑』 203
『곤여도설坤輿圖說』 129
『곽우록藿憂錄』 131
『관물편觀物編』 131
『교우론交友論』 128
『국조오례의國朝五禮儀』 204
『국휼중관혼상제례사의國恤中冠婚喪祭禮私議』 41
『근사록近思錄』 131
『기법記法』 128
『기인십편畸人十篇』 128
『기하원본幾何原本』 129, 133
『남화경南華經』 116
『노자老子』 101
『논어論語』 101, 119, 121, 131, 199
『논학물리論學物理』 77
『능엄경楞嚴經』 143

『담헌연기湛軒燕記』 145
『대전회통大典會通』 204
『대학大學』 34, 68, 96, 101, 116, 131
『도덕경道德經』 116~117
『도보稻譜』 131
『독서기讀書記』 96~97
『동국악부東國樂府』 131
『동호문답東湖問答』 66
『리기총론理氣總論』 77
『만물진원萬物眞源』 128
『맹자孟子』 54, 101, 131
『맹자요의孟子要義』 56
『목민심서牧民心書』 16, 57, 93
『반계수록磻溪隨錄』 16, 45, 48, 77, 212
『백언해百諺解』 131
『부여현의사기扶餘縣義祠記』 38
『북학의北學議』 54, 213
『불씨잡변佛氏雜辨』 30, 202
『사례문답휘류四禮問答彙類』 41
『사례사의후지四禮私議後識』 41
『사변록思辨錄』 46, 101~102, 119, 212
『사칠신편四七新編』 130
『삼강행실도三綱行實圖』 204
『삼산논학기三山論學記』 128
『상례유서喪禮遺書』 41
『상서尙書』 96, 101
『상척전후록喪戚前後錄』 131
『색경穡經』 110
『서경書經』 119, 131
『성세추요盛世芻蕘』 128
『성학십도聖學十圖』 33
『성학집요聖學輯要』 33
『성호사설星湖僿說』 16, 45, 48, 76, 93, 130
『소학小學』 100, 131
『속대전續大典』 204
『순언醇言』 116
『시경詩經』 119, 131
『시헌력時憲曆』 129
『신기통神氣通』 192
『심경心經』 131
『심의제도深衣制度』 41
『양반전兩班傳』 53, 205
『영언여작靈言蠡勺』 128~129, 138~139
『예기禮記』 96, 131
『예기상례분류禮記喪禮分類』 41
『예덕선생전穢德先生傳』 53
『오복연혁도五服沿革圖』 41
『오선생예학분류五先生禮學分類』 41
『원각경圓覺經』 143
『의산문답醫山問答』 50, 145, 189
『이선생예설李先生禮說』 130
『이자수어李子粹語』 130
『자복편自卜編』 131
『잡동산이雜同散異』 45
『장자莊子』 101
『제례유서祭禮遺書』 41
『조선경국전朝鮮經國典』 203~204
『주례周禮』 96, 204
『주자찬요朱子纂要』 77
『주제군징主制群徵』 128~129, 135, 138
『주해수용籌解需用』 145
『중용中庸』 44, 47, 96, 101, 120, 122, 131, 152, 169, 180, 200
『중용강의中庸講義』 56
『지봉유설芝峯類說』 16, 45, 48
『직방외기職方外紀』 128~129
『진도자증眞道自證』 128
『천문天問』 137
『천문략天問略』 129, 133, 135
『천주실의天主實義』 128~129, 135, 137

『천학정종天學正宗』 138
『춘추春秋』 96
『칠극七克』 128~129
『학교모범學校模範』 37~38
『향거요람鄕居要覽』 131
『허생전許生傳』 53, 213
『호질虎叱』 53
『혼개통헌渾盖通憲』 129
『효경孝經』 96, 131
『흠흠신서欽欽新書』 57

「가례문의家禮問疑」 145
「대학설大學說」 96
「만언봉사萬言封事」 37, 66~67
「사단칠정설四端七情說」 96
「사서문변四書問辯, 문의問疑」 145
「사창계약속社倉契約束」 182
「삼경문변三經問辯, 문의問疑」 145
「소학문변小學問辯」 145
「심성문心性問」 145
「오학론五學論」 55
「육조계六條啓」 66
「응구언소應求言疏」 108
「의진시폐소擬陳時弊疏」 66
「인심도심설人心道心說」 96
「중용대학후설中庸大學後說」 96
「중용장구中庸章句」 27
「중용장구보록서中庸章句補錄序」 96
「진시사소陳時事疏」 66
「진시폐소陳時弊疏」 37
「천명도天命圖」 155, 175
「천운편天運篇」 136
「태극도太極圖」 172
「태극도설太極圖說」 172

각혼覺魂 139
간언諫言 72, 90
개벽開闢 153
개천설蓋天說 135~136
거간의 실(去姦之實) 34, 68
거경居敬 35~36
격물치지格物致知 190
격치의 실(格致之實) 34, 68
결부법結負法 78
경敬 36~37, 39~40, 180
경묘법頃畝法 79
경세經世 49, 53
경세치용經世致用 49~50, 55, 60, 63, 187
경세학經世學 167
경신환국庚申換局 95
경장(설)更張(說) 37, 63, 65, 89, 158, 212
경제력經濟力 58
경학經學 53~54, 56, 82, 103, 124, 212
계신戒愼 169, 182
공거제貢擧制 160~161
공구恐懼 169, 182
공노(비)公奴(婢)(公賤) 70, 85
공론公論 72~74, 90, 207
공론정치설公論政治說 70~71, 90

공론화公論化 207
공민권公民權 85
공사천인公私賤人 70, 84
공안貢案 67
공업工業 53~55, 213
공인貢人 80
공전제公田制 75, 78~79, 87
공천公賤 67, 87, 110
공평公平 207
공화共和 73~74
과거제 폐지 208
과학화의 길 209
관리임용제 84
관찰사觀察使 159
교육제(도)敎育制(度) 48, 81~82, 160~161
교육제(도) 개혁설 84, 88
교화의 실(敎化之實) 34, 68
구경九卿 체제 160
구중천설九重天說 137
구형체球形體 136
국시國是 72~73
국치國恥 14, 102, 214
국혼國魂 15
군신유의君臣有義 179
군신의 의리(君臣之義) 115
군역軍役 80~81, 83, 86
군자君子 105~106, 189
군자소인관(론)君子小人觀(論) 187~188
군정軍政 67, 69, 76
군제軍制 89, 205
군포軍布 110
굴가임접屈駕臨接 99
궁리窮理 35~36
궁천설穹天說 136
권좌權座 205~206
균전(설)均田(說) 79, 207
근대과학 213
근대화近代化 185, 209, 214
기론氣論 148, 196
기질의 성(氣質之性) 176~177, 181, 198~199
기학氣學 58
기호嗜好 176, 180~182, 198, 201
남인南人 95~96, 99~100, 104~105, 129, 187, 206
내수사內需司 111
노론老論 102, 104, 143, 206
노불老佛 51
노비제奴婢制 폐지(설) 86, 88, 208~209, 214
노장사상老莊思想 115~117
논천설論天說 137
농지세農地稅 80
뇌수(설)腦髓(說) 134, 138
당연當然(所當然) 149, 151, 172
당쟁黨爭 42, 95, 102, 105, 124, 129
대동법大同法 75
대청완론자對淸緩論者 99
대포제代布制 폐지 81
덕치德治 112
동오군東伍軍 81, 87
동인東人 104~105
리귀기천理貴氣賤 151
리기(론/설)理氣(論/說) 16, 28, 31, 33, 56~57, 170~171, 187, 190
리기의 묘함(理氣之妙) 33
리발理發 33
리일분수理一分殊 120, 149, 172, 174, 192
맥리脈理 174, 197
면세전免稅田의 폐지 80
명덕明德 31
명변明辯 44

명분(론)名分(論) 104~105, 107, 161~162, 187~190, 202, 209, 211
명실론名實論 58, 187, 189
모화주의慕華主義 113
무내외無內外 148
무실務實 34, 37, 39, 41, 60, 64~65, 67~69, 74, 205
무자기毋自欺 56
무화이無華夷 148
물아이분物我二分 121, 194, 198
물아일체物我一體 121, 193, 197~198
민본(사상)民本(思想) 66~67, 74, 131, 203, 206
민본적 민주사상 73
민생民生의 돈후敦厚 60, 109, 112
민주화民主化 185, 202, 209, 214
박학博學 43~46, 48, 57, 63, 77~78, 129~130, 134, 171, 206
반정주(자)설反程朱(子)說 96, 187
반주자학反朱子學 212
방천설方天說 136
백과전서 45, 48, 78, 130, 206
백미白眉 70, 74, 90
법계설法界說 28
법리法理 174
병자호란丙子胡亂 54, 75, 95, 99, 102, 112, 213
병제兵制 48, 78, 110~111
보민의 실(保民之實) 34, 68
복상(론)服喪(論) 42, 95, 105, 107, 187
복예僕隷 79, 87
본연의 성(本然之性) 175~176, 198
본원유학本源儒學 27~28, 39, 43~44, 46~47, 51, 56, 63, 173~174, 193
부역賦役 76, 80~81, 109~111, 130
부자유친父子有親 179~180
부잡不雜 33
북벌(론)北伐(論) 54, 96, 113, 213
북인北人 104
북학北學 54, 143, 148, 213
북학자北學者 54, 145, 187, 196
불교佛敎 22, 27~32, 38, 40, 60, 116, 132~134, 143, 146, 176, 202~203, 211
불리不離 33
사간원司諫院 71, 159
사노(비)私奴(婢)(私賤) 70, 85, 90
사농공상士農工商 52, 59, 161~162, 213
사단칠정론四端七情論 33
사대부士大夫 109~110, 204
사대(사상)事大(思想) 114~115
사려思慮 138, 140, 191
사무사思毋邪 121, 199
사문난적斯文亂賊 94, 97~98, 102
사법인설四法印說 28
사복시司僕寺 111
사서四書 56, 119
사역使役 85, 110
사은私隱 75
사창제社倉制 75
사천설四天說 136
사학四學 79, 81~84, 88
사헌부司憲府 71, 159
산업화産業化 186, 196, 209, 214~215
삼강오륜三綱五倫 202, 204
삼전도비문三田渡碑文 102
삼혼설三魂說 138~139
상업商業 53~55, 162, 209, 213
상제천관上帝天觀 173, 178
생혼生魂 139
서리書吏 79
서얼차별庶孼差別 70

서인西人 95~96, 98~101, 104~105, 187
서자庶子 71, 88
서장관書狀官 100, 145
서학西學 127~130, 133~134, 136~138, 140~141, 143, 145, 148, 173, 213
선비의 학문(士之學) 52~53
선야설宣夜說 136
선천先天 150
성誠 21, 36, 39~40
성군사상聖君思想 112
성리학적 실학 33, 39, 41, 60, 89, 204, 211, 213
성사등급설性四等級說 177
성삼품설性三品說 177
성실誠實 21, 36
성심誠心 67
성왕聖王 33
성의의 실(誠意之實) 34, 68
성인聖人 33, 37, 52, 121, 133, 199
성즉리性卽理 33, 120, 151, 198
성찰省察 39, 180
성학聖學 33, 38, 169
소론少論 98, 102, 104, 206
소이연所以然 149
소이연지고所以然之故 149
소인배小人輩 105
수기修己 35~39, 41, 51, 56~57, 60, 63~64, 117, 144, 170~171
수성守成 65
수신修身 27, 32, 116
수신의 실(修身之實) 34, 68
숭명배청론자崇明排淸論者 99, 113
시대변혁時代變革 100, 112
시의時宜 65, 158
시헌력時憲曆 133
신독愼獨 39, 56, 169
신민新民 31
신분 차별 71, 87, 161~162
신분이동身分移動 87
신실학新實學 215
신역身役 80~81
실實 17, 21, 34, 36, 38, 67~68, 189
실념론實念論 190
실리實利 64, 67, 104, 107, 109, 115, 124, 187, 189
실리實理 36
실리주의實利主義 115, 189
실사實事 51, 144
실사구시實事求是 51
실심實心 36, 39~41, 44, 51, 60, 144
실옹實翁 50, 189
실옹의 학(實翁之學) 50
실용(성)實用(性) 18, 22, 27, 34~35, 59, 64, 67~68, 109, 133, 144, 189~190
실제성實際性 18, 21~22, 29, 68, 124, 144, 187, 209
실지實地 51, 144
실효實效 22, 34~35, 51~52, 64, 67, 187
심문審問 44
심사深思 44
심성(설)心性(說) 28, 31, 140~141, 152
십이중천설十二重天說 137
안민安民 38, 57, 66~67, 100, 170
안인安人 35, 37, 51, 144, 170
안천설安天說 136
양명학陽明學 143, 146
양민본위良民本位 88
양반본위兩班本位 88
양성養性 39, 56
언로言路 70~72, 90, 159, 207

여래장설如來藏說 176
역행力行 35~36
연행사燕行使 130
영명성靈明性 138, 178
영장靈長 155, 157~158, 175, 177
영정부동천永靜不動天 137
영지靈知의 기호 176~177
영학營學 82~83
영혼靈魂 139
예송(관)禮訟(觀) 42, 95~96, 100, 105, 107, 187, 212
예치禮治 112, 204
예학禮學 39~42, 60, 97, 104
예행禮行 37, 41, 44, 104, 115
오랑캐(北蠻) 54, 57, 113, 115, 147, 170
오례의五禮儀 204
오륜五倫 37, 155, 179~180, 182~183
오상五常(仁義禮智信) 155, 175, 179
욕구체관欲求體觀 199
용현의 실(用賢之實) 34, 68
우주관宇宙觀 136~137, 156, 158, 168, 172
원기元氣 72, 157, 174
월식月蝕 133, 195
위기지학爲己之學 38~41
위민(정신)爲民(精神) 38, 66~67, 89, 131, 203, 206
위인지학爲人之學 38
위정척사衛正斥邪 169
유리론唯理論 173
유명론唯名論 190
유물유칙有物有則 120
유식설唯識說 28
육경六經 47, 50
육전六典 203~204
육조六曹 160
윤리도덕倫理道德 29, 122, 155, 157~158, 171, 175, 179, 183, 200~201, 204
은결隱結 75
음서蔭敍 82
읍학邑學 79, 82~84, 88
이도쇄신吏道刷新 99
이민利民 66
이서吏胥 79, 81
이시애李施愛의 난亂 70, 90
이용후생利用厚生 54~55, 58, 60, 64, 171, 187, 214
인간관人間觀 121~122, 124, 138, 141, 154~156, 158, 168, 177~178, 196, 198, 213
인권(의식)人權(意識) 85, 70, 88
인도人道 36, 175
인물균등설人物均等說 157~158
인연연기설因緣緣起說 28
인족법제隣族法制 76
일식日蝕 133, 195
임진왜란壬辰倭亂 75, 69, 113
자강自強 14, 16, 167, 214
자연관自然觀 121, 124, 154, 194, 213
자율의 권능(自主之權) 181
자전설自轉說 146
자주성自主性 197
잡학雜學 43~44, 57, 170~171
적폐積弊 14, 37~38, 53, 65, 76, 78, 89, 167, 205
전제田制 48, 78, 89
정병화精兵化 110
정심의 실(正心之實) 34, 68
정전법井田法 79, 207
정주설程朱說 96
정학正學 51, 170
제1차 예송 105, 107

제2차 예송 100, 105
제가齊家 27, 32, 34, 68~69
조세租稅 80~81, 110~111
족인지침族人之侵 109, 111
존심存心 39, 56
종동천宗動天 137
종모법從母法 86~87
주기主氣 186~187
주욕신사지의主辱臣死之義 99
중학中學 83
중화주의中華主義 148
지구설地球說 135, 146~147, 158, 173
지전설地轉說 173
지천知天 182
진사원進士院 83, 208
질서疾書 131~132
차장자次長子 107, 188
창업創業 65
천도天道 36, 179, 195
천명天命 28, 149, 152, 175, 179, 196, 200
천문관天文觀 137, 155~156
천민天民 85, 88
천부적天賦的 인권의식人權意識 88
천인동류론天人同類論 90
천인상감설天人相感說 120, 193
천인합일天人合一 120, 175, 193, 197
천주교天主敎 55, 127~130, 134, 139, 143, 213
천즉리天卽理 33, 120
천체관天體觀 134, 136~138, 141, 154, 172~173
청허한 기(晴虛之氣) 149, 154
치가의 실(治家之實) 34, 68
치국(설)治國(說) 27, 32, 35, 37, 49, 57, 68~69, 74, 170, 213
치국의 실(治國之實) 66
치리治理 174
코페르니쿠스적 전회 146
탈성리학적 실학 14~16, 18, 29, 42~43, 45, 47, 50, 52, 55, 60, 63~64, 89, 98, 103, 107, 144, 183, 185~187, 190, 206, 209, 211~212, 214
태극太極 28, 149, 172, 174~175, 196
태학太學 82, 83, 160, 208
태허太虛 150, 154
토지세土地稅(田稅) 80
토지제土地制(田制) 79~80, 87, 130, 161, 203, 205, 207
팔조목八條目 34~35, 68~69, 117
평천하平天下 35, 68, 213
학문관學問觀 53, 124, 132
함양涵養 39, 180
향교鄕校 82
허기虛氣 149
허령불매虛靈不昧 176
허령성虛靈性 138
허자虛子 50, 189
허학虛學 21, 29, 60
형구形軀의 기호 177
호연지기浩然之氣 197
혼개설渾蓋說 135, 137, 147
혼천설渾天說 135~136
화이관華夷觀 147
환곡(제)還穀(制) 75, 89, 205
활연관통豁然貫通 191
효친의 실(孝親之實) 34, 68
흔천설昕天說 136

지은이

윤사순尹絲淳

고려대학교 철학과를 졸업하고 동 대학교 대학원에서 철학박사 학위(동양철학 전공)를 취득하였다. 고려대학교 철학과 교수, 와세다대학 연구교수, 한국공자학회 회장, 한국동양철학회 회장, 한국철학회 회장, 국제유교연합회(북경 소재) 부회장, 율곡연구원 이사장 등을 역임하였으며, 현재 고려대학교 명예교수, 中國社會科學院 명예교수, 曲阜師範大學 객원교수, 대한민국학술원 회원으로 있다.

저서로는 『퇴계철학의 연구』(국문, 영문판), 『한국유학논구』(국문, 중문판), 『한국유학사』(국문, 중문판), 『한국의 유학사상』(국문, 영문판), 『한국의 성리학과 실학』, 『한국유학사상론』, 『신실학사상론』, 『조선시대 성리학의 연구』, 『조선, 도덕의 성찰』, 『동양사상과 한국사상』, 『유학의 현대적 가용성 탐구』, 『실학의 철학적 특성』, 『유학자의 성찰』, 『우리사상 100년』(공저), 『한국철학사상사』가 있고, 역서로는 『퇴계선집』, 『석담일기』 등이 있다. 시집으로는 1집 『길벗』, 2집 『선비』, 3집 『광부』, 4집 『행복의 얼굴』, 5집 『어느 학인의 자화상』이 있고, 편서로는 『자료와 해설: 한국의 철학사상』(국문, 영문판), 『한국의 사상』, 『사단칠정론』(국문, 중문판), 『인성물성론』, 『도설로 보는 한국유학』, 『실학의 철학』, 『조선유학의 자연철학』, 『신실학의 탐구』 등이 있다. 논문으로는 「퇴계의 가치관에 관한 연구」(박사학위논문)를 비롯하여 약 2백 편이 있다.